AF451288

¿BUCEAMOS JUNTOS?

ANTONIO MARCOS
AGUSTÍN SENDEROS
NOELIA CÁMARA

www.buceo.guiaburros.es

Diseño de cubierta: © Andrea Fernández Rodríguez(EDITATUM)
Maquetación de interior: © EDITATUM
Ilustraciones: José Miguel León Ruiz

Primera edición: mayo de 2020

ISBN: 978-84-18121-22-7
Depósito legal: M-11396-2020

IMPRESO EN ESPAÑA/ PRINTED IN SPAIN

Si después de leer este libro, lo ha considerado como útil e interesante, le agradeceríamos que hiciera sobre él una **reseña honesta en Amazon** y nos enviara un e-mail a **opiniones@guiaburros.es** para poder, desde la editorial, enviarle **como regalo otro libro de nuestra colección.**

Esta pequeña guía de submarinismo que ha caído en tus manos es fruto de la actividad docente que, durante más de 40 años, se lleva ejerciendo en el Club/Escuela de buceo NARVAL, en un lugar «tan marinero» como Madrid. En estas páginas, que no pretenden ni pueden sustituir a un curso oficial de buceo, descubrirás cómo acercarte al mundo submarino, con seguridad y respeto por el medio.

Agradecimientos

*A nuestro Club Narval,
que tantas satisfacciones nos da
en el mundo del buceo.*

Sobre los autores

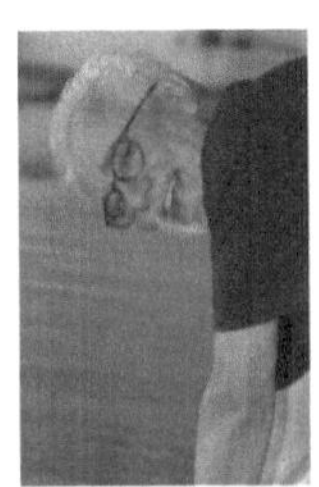 **Antonio Marcos** (Inicio como buceador deportivo 2ª clase en 1979, España).Lleva cerca de 30 años ejerciendo como instructor de buceo de la Federación Española de Actividades Subacuáticas (FEDAS/CMAS, 1993) y de la certificadora canadiense ACUC (1998). Antonio ostenta, desde el año 1993, el puesto de director de la Escuela de buceo del Club Narval, en Madrid, y es una leyenda viva del buceo en esta institución. Ha compaginado su intensa dedicación a la formación en el mundo del buceo con su profesión de técnico en Electrónica.

 **Agustín Senderos** (Inicio como buceador deportivo 2ª clase en 1982, España) Es doctor en Geología (Universidad Complutense de Madrid) y licenciado en Biología (Universidad Autónoma de Madrid). Agustín cuenta con las titulaciones deportivas de buceador 3 estrellas FEDAS/CMAS y Dive Master de ACUC, ambas acreditadoras para la docencia en el buceo. Ha impartido docencia en Educación Secundaria y en la Universidad (Geológicas) y ha participado en varios proyectos de investigación, siempre relacionados con el agua y el medio ambiente.

 **Noelia Cámara** (Inicio como OWD en 2010, Reino Unido). Es doctora en Economía por la Universidad de Zaragoza. Actualmente se prepara como buceadora de Rescate (ACUC) en la Escuela de buceo Narval. Noelia ha participado como experta en el diseño del índice multidimensional de biodiversidad elaborado por el Instituto Luc Hoffmann en asociación con el Centro Mundial de Vigilancia de la Conservación del Medio Ambiente de las Naciones Unidas (WCMC). Es una enamorada del buceo y del medio marino. Actualmente compagina su labor de investigación en economía con la práctica del buceo deportivo.

Índice

Prólogo

¿Os habéis preguntado alguna vez por qué sentimos esa atracción por el agua?

Son muchas las posibles respuestas, pero la realidad es que es fundamental para la vida, que nuestro organismo es casi un 70 % de agua, que todos los seres vivos procedemos del agua y que es solo un insignificante 30 % lo que nos separa de ser puramente «hidrosfera».

Entonces, ¿por qué no podemos respirar bajo el agua como otros organismos? Como los peces, por ejemplo. Simplemente porque nuestros alveolos pulmonares se llenarían de agua, la sangre iría tomando el oxígeno de ella hasta agotarlo, y al no poder renovar esa agua con oxígeno nuevo, nos ahogaríamos. Por ello, para disfrutar de los fondos marinos necesitamos el conocimiento de toda una serie de técnicas que en conjunto llamamos submarinismo.

No solo tenemos el inconveniente de la respiración bajo el agua a la hora de sumergirnos, pues nuestro cuerpo tiene una serie de «cavidades aéreas» en las que los efectos de la presión pueden originar algunos problemas fisiopatológicos. Es por ello que para poder disfrutar del medio acuático más allá de lo que nuestra apnea personal permite, es imprescindible realizar los correspondientes cursos de buceo teórico-prácticos, tener al menos 16 años (con consentimiento paterno), pasar un reconocimiento médico específico (reconocimiento hiperbárico) y, por supuesto, saber nadar.

Seguro que has visto en cine y televisión aquellos buzos inmersos en unos trajes y escafandras bajando a los fondos marinos y respirando por un tubo (narguille). Pues bien, aquello forma ya parte de la historia, aunque en algunas ocasiones todavía se utiliza. El buceo moderno es posible gracias a la escafandra autónoma o regulador a demanda, que data del año 1943 y fue desarrollado por el gran divulgador del medio marino Jacques Cousteau, junto con Emile Gagnan. El invento, patentado como Aqua-Lung, supuso tal revolución que a pesar de las mejoras técnicas que han ido incorporando, sigue siendo la pieza fundamental del submarinismo.

Con las debidas precauciones y los conocimientos necesarios, podrás practicar el submarinismo con plenitud y garantía, y disfrutar casi llegando a sentirte una parte del maravilloso mundo submarino. Al mismo tiempo vas a adquirir algunas obligaciones con el mar. El buceador cuenta con un papel importante para contribuir a la sostenibilidad del medio. Es un testigo directo de lo que pasa bajo el agua y deberá ser la voz del mar en la tierra.

Todos nosotros tenemos que intentar que esta voz se escuche alto y claro, ahora más que nunca y con la urgencia que merece.

Nos adentramos en un medio que no es el nuestro, en el que nosotros somos los intrusos. Esto es innegable, pero podemos hacer que nuestras incursiones sean lo suficientemente respetuosas para que nuestra presencia nunca altere los ciclos vitales del ecosistema en el que nos adentramos. Siempre tened esto presente.

Cuidado con remover el fondo con las aletas, cuidado con los flashes de nuestras cámaras, cuidado con las linternas (tanto por su potencia como por dónde las enfocamos), no dejar nada en los fondos que no estuviera antes, no recolectar nada (y mucho menos seres vivos). En definitiva, que no se note que hemos pasado por allí, y solo así podremos seguir disfrutando por muchos años y muchas generaciones. Contribuyamos a hacer del buceo una actividad sostenible.

Hasta ahora hemos hablado de técnicas, conocimientos, un poco de historia, de responsabilidad, pero hay algo que es también importante: el submarinismo deportivo es una actividad lúdica, con una dosis de aventura y, sobre todo, de conocimiento y simbiosis con el medio natural, dentro de lo que hoy en día se califica como «deportes de riesgo».

¿Deporte? Pues hay quienes dicen que sí. Sin embargo, no requiere de una extraordinaria forma física. Quienes lo practicamos estamos de acuerdo en que hace falta espíritu de aventura y pasión por la naturaleza. No es una actividad competitiva, sino todo lo contrario: requiere de una gran voluntad de colaboración.

¿Y de riesgo? Desde los años 70 las mejoras técnicas en los materiales, los conocimientos médicos y la generalización de su práctica, han hecho del submarinismo un deporte de riesgo, pero no de alto riesgo, ni mucho menos peligroso. El riesgo, cuando se lleva a cabo un control de los parámetros de seguridad más importantes, no comporta un peligro. Un peligro puede aparecer cuando no controlamos los factores a nuestro alrededor, por ejemplo, cruzar una calle por un lugar indebido. Eso sí es peligroso.

Este Guiaburros pretende inspirar e instruir. No se trata de un manual exhaustivo de buceo y tampoco profundiza en cuestiones complejas. Es un libro que pretende cubrir las necesidades de aquellas personas atraídas por la práctica del buceo. Al mismo tiempo, está escrito para inspirar a todos aquellos que lo tomen en sus manos, presentando ante sus ojos un mundo nuevo y las herramientas necesarias para poder conocerlo de primera mano. Es un libro que bien puede servir como parte introductoria o complemento de un manual de buceo certificado para un nivel de iniciación.

Y bien, pensaréis que todo es idílico. Y sí que lo es, pero sin duda para bucear hay que estudiar. Hay que recordar conceptos que en algunos casos habíamos olvidado y aprender otros que ni siquiera conocíamos. Hablamos de física, de fisiología, de materiales, etc. Pero además tenemos que hacer prácticas serias —¡en piscina!— antes de llegar al mar. Conocer el manejo del equipo ligero, del equipo pesado y aprender las destrezas para su uso en el medio acuático, lo suficiente como para salir airosos de cualquier imprevisto en el mar.

Una vez consigáis vuestra titulación de buceadores, tras haber realizado el curso correspondiente, como Ícaros submarinos, experimentar la ingravidez os alucinará, os enganchará y seguramente os entrará por las venas. Un aprendizaje más del que hay que concienciarse es que cualquier incidente que surja bajo el agua debe solucionarse en el seno de agua: a veces salir a superficie es peor. Y algo fundamental: ¡no bucear nunca solos!

**«La mayoría de los accidentes
son fruto de la ignorancia»**

Capítulo 1

Aire y agua: un poco de ciencia, para empezar

Hay quien dice que el planeta Tierra debería llamarse «planeta Agua», pues dos terceras partes de su superficie son agua. Aunque todos los seres vivos procedemos del medio acuático, algunos nos hemos acostumbrado a vivir en tierra, de modo que nuestro medio, donde nos desenvolvemos, es el aire. Esta diferencia de medio, aire y agua, es lo que a los humanos nos impide movernos «como pez en el agua» en el seno del mar. Cada uno de estos dos medios tiene unas características físicas propias para las que están perfectamente adaptados nuestros sistemas fisiológicos; por eso, ni los peces pueden vivir en el aire, ni nosotros en el agua.

¿Qué podemos hacer entonces para disfrutar del maravilloso mundo submarino? La respuesta es sencilla (o tal vez no tanto): conocer las leyes físicas que rigen ambos medios, cómo estas influyen en nuestro organismo y buscar la forma de hacerlo compatible. Pues vamos a ello. Para empezar veamos las diferencias básicas entre aire y agua.

Aire

Es una mezcla de gases formada principalmente por nitrógeno, oxígeno en menor cantidad y otra serie de gases entre los que destaca, no por su cantidad sino por su reactividad, el dióxido de carbono.

> Nitrógeno (N_2) - 78 %
> Oxígeno (O_2) - 21 %
> Dióxido de carbono (CO_2) - 0,04 %
> Argón (Ar) - 0,9 %
> Otros gases - He, H_2...

El oxígeno y el CO_2 intervienen activamente en nuestro metabolismo. El nitrógeno, por el contrario, no. Este, al ser el más abundante y comportarse como inerte en procesos metabólicos, va a ser el más problemático para el buceador.

Otras características del aire son su densidad, de solo 1,3 gr/l, y su compresibilidad. Como cualquier gas, a diferencia del agua, el aire varía su volumen con la presión. Al aumentar la presión el volumen disminuye, mientras que si la presión disminuye, el volumen aumenta. ¡Y aquí tenemos la primera ley física que hay que conocer para bucear! (Ley de Boyle y Mariotte).

El peso medio del aire, a nivel del mar (presión atmosférica) es… sí, 1 atmósfera (1 atm).

$$1 \text{ atm} = 760 \text{ mmHg} \approx 1 \text{ bar} = 1000 \text{ hPa}$$

Agua

Primera diferencia con respecto al aire: ¡es un líquido! Lo podemos considerar como incompresible y, además, es mucho más denso: 800 veces más denso que el aire (1 kg/l). Su densidad aumenta ligeramente con la salinidad. Estas diferencias físicas con respecto al aire tienen sus consecuencias:

- Cada 10 m de profundidad, la presión aumenta en 1 atm (que hay que añadir a la presión atmosférica en superficie). Así, a 10 m de profundidad soportamos una presión total de 2 atm; a 20 m serán 3 atm, etc.

- El agua desalojada por nuestro cuerpo nos empuja hacia arriba, con una fuerza equivalente al peso de ese volumen de agua, por lo que necesitamos equilibrarnos para no hundirnos ni flotar. «¡Eureka!», dijo Arquímedes al descubrirlo; y ya tenemos la segunda ley física, el principio de Arquímedes.

Seguro que hemos oído hablar de varios «tipos» de presión, y rara vez hemos escuchado que se hablase de ella en términos de «pascales» (aunque se va imponiendo poco a poco, sobre todo en meteorología).

- **Presión atmosférica**. Presión que ejerce la atmósfera (peso de la capa de aire) sobre la superficie terrestre. La definió Torricelli y, como no podía ser de otra forma, su valor medio es de... ¡1 atmósfera (1 atm)!, que es el peso de una columna de mercurio de 1 mm^2 de superficie y 760 mm de altura (1 atm = 760 mm Hg).

- **Presión hidrostática.** Presión que ejerce la columna de agua que gravita sobre nosotros. Por cada 10 m de profundidad la presión aumenta 1 atm.

- **Presión absoluta.** Es la suma de la presión atmosférica más la hidrostática. Así, si estamos a 10 m de profundidad tendremos 1 atm de presión atmosférica más 1 atm de presión hidrostática, total: 2 atm.

 EJEMPLO

A 25 m, la presión será de 3,5 atm (1 atm + 2,5 atm = 3,5 atm)

La física nos ayuda a bucear

Pero, ¿son solo estas dos leyes las que debemos conocer para bucear? Por supuesto que no. Hay más leyes físicas que iremos descubriendo según avancemos en los misterios del submarinismo, pero para que las tengas presente te las resumimos en un cuadro:

Principio de Arquímedes	«Todo cuerpo sumergido en un fluido experimenta un empuje hacia arriba igual al peso del fluido desalojado».
Principio de Pascal	«La presión ejercida sobre un fluido incompresible y en un recipiente cerrado, se transmite a todos los puntos por igual y con la misma intensidad».
Ley de Boyle-Mariotte	«Una misma masa de gas, a temperatura constante, ocupa un volumen inversamente proporcional a la presión ejercida sobre el gas». $P \cdot V = P' \cdot V'$
Ley de Gay-Lussac	«A presión constante, el volumen de un gas es directamente proporcional a su temperatura». $P/T = P'/T'$
Ley de Dalton	«A temperatura constante, la presión de una mezcla de gases es igual a la suma de las presiones parciales de los gases que la componen».
Ley de Henry	«A temperatura constante, y en saturación, la cantidad de gas disuelta en un líquido es proporcional a la presión».
Ley de Graham	«La velocidad de disolución de un gas es inversamente proporcional a su masa».
Ecuación general de los gases	$P \cdot V = n \cdot R \cdot T$ **P**: presión **V**: volumen **n**: n° de moles **R**: constante universal de los gases **T**: temperatura (°K)

Veamos brevemente cómo influyen estas leyes en el submarinismo:

Principio de Arquímedes

La «flotabilidad» («peso aparente» – Pa) la podemos definir como el resultado entre la fuerza que hace que nos hundamos («peso real» – Pr) y la que hace que flotemos («empuje» – E). Durante nuestro paseo en inmersión hemos de procurar una flotabilidad neutra, es decir, que el peso real sea igual al empuje:

$$Pa = Pr - E$$

Flotabilidad negativa. El buzo tiende a irse al fondo, si el peso del buzo (Pr) es mayor que el peso del volumen de agua desplazada (E).

Flotabilidad positiva. El buzo tiende a irse a la superficie; ocurrirá cuando el peso del buzo (Pr) sea menor que su volumen (E).

Flotabilidad neutra. Es la situación ideal, en la que las fuerzas contrarias son iguales. Se da cuando el peso del buzo (Pr) es igual al peso del agua que desplaza (E).

Los elementos que intervienen en la flotabilidad en el buceo son: los pulmones, el traje de neopreno, el BCD o *jacket*, los plomos e incluso la botella de aire y el propio buceador.

Principio de Pascal

El aire que respiramos a presión se reparte por igual en todas las cavidades del organismo. Gracias a esto podemos respirar en el medio acuático, cuya presión, obviamente, aumenta con la profundidad, por lo que podemos permanecer en el seno del agua respirando con normalidad.

Ley de Boyle-Mariotte

Al aumentar la presión sobre un gas disminuye su volumen. Lo podemos comprobar fácilmente, por ejemplo, presionando un globo hinchado. Por el contrario, si la presión disminuye, el volumen aumenta.

Buceando respiramos aire a la misma presión que la que soportamos exteriormente. Este aire se reparte por nuestras cavidades, de modo que cuando ascendemos, al disminuir la presión absoluta, aumenta de volumen, pudiendo generarnos un «barotraumatismo» (lo veremos con más detalle en el capítulo 5).

Ley de Gay-Lussac

Teniendo en cuenta que el aire comprimido en una botella rígida no va a variar su volumen, las diferencias de temperatura sí van a producir variaciones en su presión. Cuando medimos la presión de una botella recién cargada y luego nos sumergimos en un medio más frío, notaremos una ligera bajada en la lectura del manómetro.

La temperatura se mide en grados Kelvin, no en centígrados; es decir, 20°C no son el doble de 10°C, ya que hay que sumar a cada medida 273°; por tanto, 20°C = 293°K y 10°C = 283°K

Ley de Dalton

Llamamos «presión parcial» al porcentaje de un gas en una mezcla de gases multiplicado por la presión total. Es decir, qué contribución le corresponde a cada uno de los componentes de una mezcla de gases en la presión total ejercida por el conjunto de dicha mezcla.

Por ejemplo, si estoy buceando a 20 m de profundidad, recordad que el aire que me aporta el regulador está a 3 atm. Como el porcentaje del N_2 en el aire es del 78 %, su «presión parcial» será 0,78 · 3 atm = 2,34 atm.

A determinadas presiones, todos los gases pueden ser tóxicos, como el oxígeno o el nitrógeno, por el estado de embriaguez que nos puede originar al acumularse en los tejidos. Hablaremos de las toxicidades en los siguientes capítulos.

Componente	Porcentaje (%) Fd	Presión parcial (Pg)	
		A 1 atm	**A 3 atm**
Nitrógeno (N_2)	78	0.78 atm	2.34 atm
Oxígeno (O_2)	21	0.21 atm	0.63 atm
Dióxido de Carbono(CO_2)	0.04	0.0004 atm	0.0012 atm
Otros gases	0.96	0.0096 atm	0.0288 atm
TOTAL	**100 %**	**1 atm (Pa)**	**3 atm (Pa)**
$Pg = Fd \times Pa$	**Pg**: presión parcial **Fd**: fracción decimal del gas **Pa**: presión absoluta		

Ley de Graham

El nitrógeno se repartirá por los tejidos más rápidamente que el oxígeno, a la vez que su desaturación también será más rápida. No vamos a entrar en su desarrollo matemático, pero tened en cuenta que esto ocurre debido a que la masa molecular del N_2 es 28, mientras que la del O_2 es 32. Estos datos son importantísimos para elaborar las «tablas de descompresión».

Ley de Henry

Ya dijimos anteriormente que el N_2 no se metaboliza, por lo que permanecerá en nuestros tejidos mientras las condiciones, como la presión, no varíen. Cada tejido admite una cantidad de gas, en función de una serie de factores como la vascularización, el contenido graso o la hidratación, así como el tiempo y presión. La disolución de los gases en los tejidos se producirá en función de todos estos parámetros.

Capítulo 2

Pero, ¿podemos respirar bajo el agua?

¿Qué necesitamos para respirar?

Que entre en nuestro sistema circulatorio la cantidad de oxígeno suficiente para abastecer a todas nuestras células. Así de simple.

¿Por dónde entrará más luz, por una ventana pequeña o por un ventanal enorme? Es obvio: por el ventanal. Pues al oxígeno le pasa lo mismo: cuanto mayor sea la puerta de entrada, más cantidad podrá pasar al sistema circulatorio y más CO_2 podrá salir al exterior. Por esta razón los sistemas respiratorios están adaptados a tener la mayor superficie posible en contacto con el exterior, para que la «difusión» del oxígeno del medio externo al medio interno sea lo más eficaz posible. De hecho, la parte del sistema respiratorio donde se produce el intercambio de gases —proceso conocido como hematosis— recibe también el nombre de «superficies respiratorias», sea cual sea el tipo de aparato respiratorio: branquial, como en los peces, o pulmonar, como en el resto de vertebrados terrestres.

Entonces, ¿por qué los peces no respiran fuera del agua ni nosotros dentro de ella? Pues bien, las superficies respiratorias de los peces son las branquias, formadas por multitud de laminillas que flotan en el agua. Al salir fuera del agua, estas laminillas se pegan unas a otras, reduciendo la superficie de contacto con la atmósfera hasta ser insuficiente para abastecer a todas las células.

En nuestro caso, como en el resto de vertebrados terrestres, para evitar el exceso de evaporación y por tanto la deshidratación, las superficies respiratorias se desarrollan en nuestro interior: son los alveolos pulmonares. Si tratáramos de respirar sumergidos, los alveolos se llenarían de agua, y cuando hubiéramos extraído todo el oxígeno contenido en esa agua, al no poder vaciarlos se acabaría el intercambio y nos ahogaríamos.

¿Y podríamos conseguir respirar bajo el agua? Sin duda es un caso hipotético hasta ahora, pero actualmente se están haciendo investigaciones para poder respirar con los pulmones inundados de un líquido. Esto ya no es ciencia ficción, pues hay ya casos reales en bebés prematuros.

Difusión. Flujo de una sustancia a través de un material, motivado por una diferencia de concentración, de mayor a menor (gradiente de concentración) hasta alcanzar el equilibrio.

Difusión gaseosa. Dispersión gradual de un gas en el seno de otro a favor de gradientes de concentración y presión. Un gas fluirá del medio en que está más concentrado al medio en que está más diluido, o de dónde se encuentra a mayor presión hacia dónde se encuentra a menor presión.

Efusión. Escape de un gas hacia el vacío o a través de una membrana porosa.

En este capítulo vamos a hacer un repaso a los principales órganos y sistemas cuyo conocimiento nos va a ayudar a desplazarnos por el medio marino con total seguridad, al mismo tiempo que su desconocimiento puede derivar en accidentes de diversa entidad.

Sistema respiratorio

Aquí es donde tenemos el principal problema, pues se trata precisamente de poder respirar debajo del agua. Un repaso muy somero a sus partes y funcionamiento nos centrará en la problemática real relacionada con las leyes que vimos en el capítulo anterior.

Como no se trata de repetir todo aquello que podemos encontrar en un manual sobre el tema, vamos a ver qué ocurre con el aire que inhalamos (inspiración) y el que exhalamos (espiración).

Imaginemos una burbuja de aire, con todos sus componentes. De ellos nos vamos a fijar en los tres más importantes para el buceo: el oxígeno (O_2 - 21 %), el nitrógeno (N_2 - 78 %) y el dióxido de carbono (CO_2 - 0,04 %), según su composición atmosférica.

Veamos brevemente el recorrido del aire en nuestro cuerpo. Al inspirar por las fosas nasales, el aire se calienta gracias a la vascularización que poseen. Buceando el aire entrará directamente por la boca. Seguirá por la faringe y… aquí el primer dilema, seguirá por el esófago o se desviará hacia la tráquea. ¿Quién regula el tráfico a este nivel?: la glotis, que junto con las cuerdas vocales y otros cartílagos forman la laringe.

La función de la glotis es importante, pues si se bloquea (espasmo de glotis) impediría la salida de aire de los pulmones, generando un barotraumatismo grave (ver capítulo 5). Lo puede producir un susto o una respiración muy agitada, aunque no es fácil que se produzca. En cualquier caso hay que estar bien hidratado, pues el aire que respiramos en la inmersión es muy seco y pasado un tiempo la sequedad en las vías respiratorias es notable, siendo la glotis el órgano más afectado.

Y vamos camino de los pulmones, que no son más que la agrupación de bronquiolos y alveolos para formar un órgano. De la laringe a la tráquea, que se divide en dos ramas, los bronquios, y estos a su vez se dividen y subdividen en conductos más pequeños hasta hacerse microscópicos (bronquiolos). Al final, se encuentran los alveolos o «superficies respiratorias», sacos elásticos, semipermeables y microscópicos en contacto directo con capilares sanguíneos. ¿Qué ocurre aquí? El intercambio de gases entre el aire respirado y la sangre, proceso conocido como hematosis.

Nuestras células necesitan el O_2 para producir energía mediante la respiración celular, dando como resultado la producción y liberación de CO_2, de modo que la sangre que llega a los alveolos después de la combustión celular está empobrecida en O_2 (15,6 %) y enriquecida en CO_2 (3,42 %). Por difusión simple, sin gasto energético, saldrá el dióxido de carbono y entrará el oxígeno hasta igualar las proporciones a ambos lados del alveolo. En este momento exhalamos para renovar el aire en los alveolos, y vuelta a empezar.

El nitrógeno, al no intervenir en procesos metabólicos, tiene prácticamente la misma concentración en el aire y en la sangre (hay una pequeña variación por el mayor contenido en vapor de agua de la sangre, que resta porcentaje al nitrógeno).

Pero, ¿qué ocurre cuando estamos buceando? Que nuestro organismo está a mayor presión que la presión atmosférica, de modo que las presiones parciales de los gases estarán influenciados por la mayor presión (ley de Dalton).

Por ejemplo: como vimos en el capítulo 1, a 20 metros soportamos una presión de 3 atmósferas, por lo que las presiones parciales serán:

Presiones parciales	En sangre a -20 m (3 atm)	Aire a 1 atm	Aire a 3 atm (20 m)
O_2	3 x 0,15 = 0,45	1 x 0,21 = 0,21	3 x 0,21 = 0,63
CO_2	3 x 0,034 = 0,102	1 x 0,0004 = 0,0004	3 x 0,0004 = 0,0012

Como podéis ver, necesitamos respirar aire a la misma presión a la que estamos sometidos, pues si no, a pesar del metabolismo, seguiría siendo mayor la presión parcial de oxígeno en la sangre (0,45 atm) que en el alveolo (0,21 atm) y ya no habría intercambio. Es más, seguiríamos perdiendo oxígeno.

El regulador que utilizamos para tomar aire durante el buceo nos va a aportar aire constantemente a la presión que soportamos.

Sistema circulatorio

Ahora ya tenemos los gases renovados en nuestro sistema circulatorio. Vamos a ver qué pasa con ellos.

Componentes de la sangre:

Plasma (55 % en volumen, aproximadamente)
- Suero: agua, sales minerales, nutrientes, hormonas, etc.
- Fibrinógeno: proteína que interviene en la coagulación.

Células (45 % - «valor hematocrito»)
- Glóbulos rojos, hematíes o eritrocitos: transportan el O_2 y el CO_2.
- Glóbulos blancos o leucocitos: intervienen en el proceso inmunológico.
- Plaquetas o trombocitos: responsables de la coagulación.

Un pequeño repaso a nuestro sistema circulatorio:

- La sangre rica en oxígeno se conoce como sangre arterial, y la rica en CO_2 como venosa.
- El sistema está formado por dos circuitos: la circulación mayor o general y la menor o pulmonar.
- Nuestro corazón tiene 4 cámaras, 2 aurículas y 2 ventrículos. En realidad son dos corazones unidos, pues la parte derecha y la izquierda no tienen contacto entre sí.
- La parte izquierda se encarga de recibir y bombear la sangre arterial, mientras que la derecha es la encargada de la venosa.

> **Dato**. Foramen oval permeable es una patología consistente en el mantenimiento de la permeabilidad entre las dos aurículas, que debería haber quedado sellada tras el parto. Siendo fundamental para el embrión, en el adulto dicha permeabilidad puede pasar desapercibida o llegar a generar problemas importantes, sobre todo como consecuencia de determinadas actividades, como el submarinismo.

Vamos a seguir ahora la trayectoria de una gota de sangre:

Circulación menor o pulmonar

Partimos del lado derecho del corazón, donde la sangre ha llegado cargada de CO_2 (sangre venosa) procedente de las células. El corazón bombea y nuestra gota sale del ventrículo derecho a través de la arteria pulmonar, para dirigirse a los pulmones. Allí, en cada alveolo, por difusión, deja CO_2 y capta oxígeno. Se ha convertido en sangre arterial (oxigenada) que vuelve a la aurícula izquierda del corazón a través de las cuatro venas pulmonares.

Circulación mayor o general

Nuevo latido del corazón. La gota de sangre oxigenada sale del ventrículo izquierdo a través de la arteria aorta, que se ramifica para que la sangre llegue a todas y cada una de las células del organismo. Como las células han consumido oxígeno y generado CO_2, captan el oxígeno de la sangre y nuestra gota recoge el exceso de CO_2, convirtiéndose de nuevo en sangre venosa. Ahora volverá al corazón (aurícula derecha) a través de las dos venas cavas. De este modo se cierra el ciclo y la gota de sangre habrá completado su recorrido, para volver a empezarlo de nuevo.

¿Y qué pasa con los gases?

Que no solo van a ir al metabolismo celular, sino que se repartirán por todos los órganos. Será especialmente importante de cara al buceo el nitrógeno, pues al no intervenir en el metabolismo se repartirá por tejidos y órganos atendiendo a dos factores: la capacidad de absorción de gases de cada tejido y la presión a la que están sometidos. A mayor presión, más capacidad de absorción de gas – ley de Henry –.

¿Cuánto gas admite un tejido?
Depende de una serie de factores, como son la cantidad de tejido graso, la hidratación, la presión y el tiempo de exposición al gas.

En cualquier caso, un tejido admitirá gas hasta llegar a la saturación (ver capítulo 1), y esta, a su vez, dependerá de la presión. Cualquier variación de la presión modificará el estado de saturación en un sentido u otro.

Durante el ascenso, al disminuir la presión, los tejidos se sobresaturan, liberándose el gas en forma de microburbujas. Para evitar que, por coalescencia, lleguen a hacerse macroscópicas, respetaremos una velocidad de ascenso estimada de 9 metros/minuto.

Se estima que el tiempo máximo para que un tejido alcance la saturación puede oscilar entre las 12 y las 18 horas. Obviamente, en superficie vivimos más de 18 horas, por lo que nuestros tejidos se encuentran habitualmente en saturación. Este tiempo hay que tenerlo en cuenta tras una inmersión, pues saldremos de ella en sobresaturación, por lo que tardaremos al menos esas 12 a 18 horas en volver al estado normal de saturación. Para evitar el accidente por descompresión es muy importante, durante este periodo, no realizar actividades que puedan aumentar el nivel de gas en los tejidos, como puede ser un ejercicio intenso, ascender a altitudes superiores a 300 metros, realizar apneas o montar en avión (la presurización de la cabina del avión es inferior a la presión a nivel del mar, con lo que volveríamos a aumentar la formación de microburbujas). De ello hablaremos con más detalle en el capítulo 5.

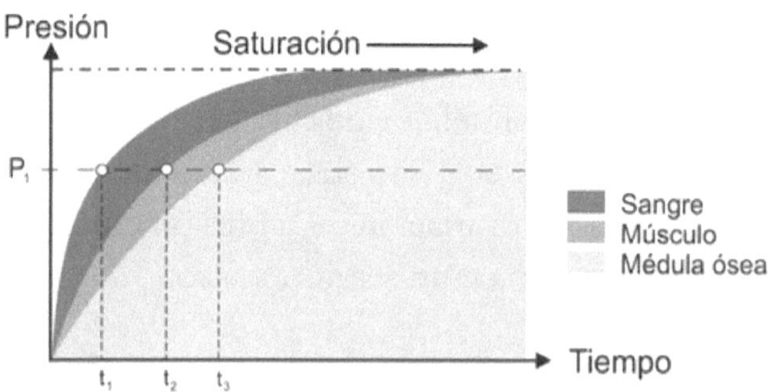

Los tejidos rápidos (sangre) alcanzan más rápidamente el nivel de saturación que los lentos (hueso).

Capítulo 3

¿Qué llevo en mi bolsa de buceo?

El material necesario para la práctica del buceo podemos dividirlo en equipo ligero y equipo pesado. Además, hablaremos de una serie de elementos adicionales que se engloban bajo el nombre de equipo complementario. Es importante conocer cada parte del equipo, así como su funcionamiento y el orden a seguir en su colocación. A esto dedicamos este capítulo, ya que es lo que nos permitirá ser cada vez un poco más «peces».

El equipo ligero

El equipo ligero es el ideal para practicar *snorkel* y disfrutar desde la superficie de la visión de los bellos fondos submarinos. Además, nos permitirá sumergirnos durante el tiempo que aguante nuestra apnea personal. Veamos de qué se compone.

Máscara. Se trata del elemento más importante, y por ello es recomendable llevar una de repuesto. Nos permite ver con nitidez bajo el agua, y por ser máscara y no gafas hace que podamos compensar el aire de esta cavidad gracias a que cubre también nuestra nariz. La pérdida o rotura de la misma durante la inmersión hará que el agua entre en contacto de nuestras fosas nasales y nuestros ojos, lo que resulta muy incómodo y podría generar estrés o incluso pánico. A consecuencia de este pánico, podría ocurrir que el buceador suba disparado a la superficie, con el gran riesgo que esto conlleva.

A la hora de elegir debe tenerse en cuenta que ajuste bien a la morfología de la cara y que resulte cómoda. Antes de mojarlas se recomienda aplicar un antivaho —el mejor es la propia saliva— y aclarar justo antes de sumergirte. Resulta muy incómodo el empañamiento durante la inmersión.

> **Dato.** En los cursos de iniciación es importante enseñar a los alumnos el vaciado de la máscara y realizar un ejercicio que llamamos «el despistado». Esta prueba es vital para mejorar la seguridad bajo el agua. Se realiza con el equipo ligero y consiste en respirar solo por la boca a través de la tuba y con los ojos y fosas nasales en contacto directo con el agua. No resulta fácil al principio. Consideramos esencial esta prueba para que puedas reaccionar sin estrés si por un incidente se rompiera la sujeción de la máscara y/o se perdiera por un inesperado aletazo.

Snorkel. También conocido como tubo respirador o tuba. Es importante llevarlo siempre consigo, si por alguna circunstancia hubiera que desplazarse en superficie. Su colocación es mediante una sujeción en el lado izquierdo de la máscara. Si alguna vez lo necesitas y no lo llevas, te arrepentirás.

Aletas. Antiguamente llamadas pies de pato. Son el alargamiento de nuestros pies con un ancho y nervio diferentes, en función de las modalidades (apnea, *snorkel* o submarinismo). Las hay calzantes, como un zapato, y ajustables con una tira regulable en el talón. Se utilizan para facilitar nuestro desplazamiento por el agua.

Al comprarlas, al igual que con unos zapatos, deben primar la comodidad y la adaptabilidad a tu pie. Tómate tu tiempo en la prueba de selección. Es aconsejable que el material del que esté hecho tenga flotabilidad negativa. Lo mismo se aplica para el resto del equipo. Los precios, como en todo, son muy variables, sobre todo en función de la marca.

El manejo y la técnica en la patada con aletas es esencial para optimizar el consumo de aire, para un mejor desplazamiento y para evitar calambres. La destreza en la natación a crol es una ventaja para su manejo. Es muy importante que tengas en cuenta que el uso de las manos debe de ser únicamente para el control de tu equipo y para la comunicación con tu compañero, pero no para ayudarte en tu desplazamiento o conseguir estabilidad.

Traje isotérmico o neopreno. El traje de buceo sirve para protegernos del frío y de cualquier rozadura o contacto accidental con la flora y fauna. Está generalmente confeccionado con material de neopreno que contiene microburbujas de aire para un mejor aislamiento térmico. También existen trajes de otros materiales, pero son menos comunes. Los hay con diferentes grosores y modelos. Existen trajes húmedos que son los más comúnmente utilizados, también trajes secos y semi-secos. Se utiliza uno u otro en función de la temperatura del agua. Los trajes secos requieren de un curso adicional para su uso.

Para los trajes húmedos y semi-secos es importante elegir un grosor de traje adecuado a la temperatura del agua a la que vayamos a bucear. Al principio es una parte de tu equipación, que puedes alquilar en el centro de buceo, pero si decides comprar uno, optar por un traje húmedo de 5 milímetros podría ser la opción más recomendable. A la hora de probarlo es bueno tener en cuenta que el traje quede relativamente cómodo y ajustado. Se trata de que el agua que entre entre tu piel y el traje sea mínima. Al mismo tiempo, tus movimientos en inmersión deben ser tranquilos (sobre todo con tus brazos) para que la circulación del agua no sea excesiva y se mantenga tu temperatura corporal.

El frío en inmersión es peligroso; en el seno del agua perdemos con facilidad el calor corporal y es necesario tener especial cuidado cuando aparece esta sensación. Los pies y las manos son las primeras partes donde empezamos a sentir el frío. Si esta sensación se mantiene, es necesario valorar el avisar a tu compañero para terminar la inmersión antes de que nuestro cuerpo comience a tiritar, ya que el paso siguiente podría ser una hipotermia, con el peligro asociado de sufrir un *shock* termodiferencial. Otros accesorios que puedes utilizar para protegerte del frío o posibles lesiones son la capucha, los escarpines y los guantes. Es conveniente llevar una capucha que cubra el bulbo raquídeo, dado que es mucho el calor que se pierde por la cabeza. Y es precisamente el bulbo el órgano encargado del control de la temperatura corporal, entre otras funciones.

 ¡OJO!

La diuresis de inmersión —o lo que es lo mismo, la necesidad de orinar durante la inmersión— no debe suponer un inconveniente y no se debe retener; bastará con enjuagar adecuadamente el traje después de cada inmersión.

Los escarpines. Son muy parecidos a un calcetín o bota, dependiendo del modelo. Nos protegerán del frío y de rozaduras producidas por nuestras aletas. Los **guantes** también son generalmente de neopreno, y como los escarpines, tienen la misma misión. Desgraciadamente, cada vez es más frecuente la prohibición del uso de guantes debido a la irresponsabilidad de algunos buceadores, que los aprovechan para poder tocar los fondos o la vida que en ellos habita. Es importante ser respetuosos con el medio. Se trata de realizar la actividad del buceo de forma responsable y comprometida con la sostenibilidad.

Cinturón de lastre o plomos. Es lo que va a ayudar a que nos hundamos. Cada vez es más habitual y más cómodo llevar los plomos integrados en una especie de bolsillos del dispositivo de control de flotabilidad (BCD), del que hablaremos más adelante. También hay buceadores que optan por repartirlos entre el cinturón y el BCD. Sea donde sea que los lleves, es necesario extremar las precauciones para no perderlos, dado que podría ocasionarnos un accidente grave si ascendemos demasiado rápido o de forma incontrolada. También es importante poder deshacernos de ellos de forma fácil en caso de necesidad (zafado rápido).

Saber cuántos plomos necesito no es algo sencillo al principio de nuestra vida como buceadores. Depende de nuestra masa muscular y volumen, de la equipación, incluido el peso de la botella, y de la salinidad del agua. Con muchas horas de experiencia en el agua se termina teniendo una precisión bastante aceptable, siempre y cuando las condiciones no varíen o no cambies nada de tu equipo.

Una prueba de flotabilidad que indicará cuánto lastre necesito para mi inmersión consiste en tirarse al agua con el BCD hinchado y la cantidad de lastre recomendada por tu instructor. Una vez en el agua respirando con normalidad a través del regulador desinflaré el BCD. Si el agua queda a la altura de la máscara, esto indica que estoy bien lastrado. Si me hundo, es porque estoy sobrelastrado y necesito dejar la cantidad de lastre suficiente para hacer que el agua se quede al nivel de la máscara. De lo contrario me fatigaré más y mi consumo de aire será mayor. Si el agua queda por debajo de la máscara necesitaré añadir más lastre para evitar tener un ascenso incontrolado en la parada de seguridad o aletear más intensamente para poder hundirme.

Con la prueba descrita sabremos la cantidad aproximada de lastre que necesitamos. Sin embargo, la prueba de fuego que nos indicará la cantidad de lastre perfecta podremos realizarla en la parada de seguridad, al finalizar nuestra inmersión. Cuando nuestra botella marque 50 bares, ya en el cabo del ancla, desinflamos el BCD y con el control exclusivo de la respiración tenemos que intentar mantener una flotabilidad neutra. Si descendemos, para la próxima inmersión habrá que quitar plomos; por el contrario, si nos fuéramos para arriba, sería necesario añadir plomos para la siguiente inmersión.

Dato. El dicho popular de «para gustos los colores» podría no ser la mejor referencia a la hora de elegir los colores de nuestra equipación de buceo. El motivo radica en que colores muy llamativos o ajenos al medio podrían confundir o estresar a los animales que lo habitan. Por ello es conveniente elegir los colores del medio; los negros o grises serán siempre una buena elección para intentar pasar desapercibidos.

El equipo pesado

Botella o tanque. Es un recipiente rígido, de acero o de aluminio, que almacena el aire que vamos a consumir durante la inmersión. Las hay de diferentes capacidades: 12, 15 y 18 litros. Como curiosidad, no es raro que algunas personas se refieran a la botella como bombona. Esto no es correcto, ya que una bombona está diseñada para soportar menos presión que una botella de buceo. Tampoco se le debe llamar botella de oxígeno, pues no es oxígeno puro, sino aire lo que contiene.

BCD. Se llama así por sus siglas en inglés, cuyo significado, traducido al castellano, es «dispositivo de control de flotabilidad». También se le conoce como *jacket* o chaleco. Se trata de una especie de chaleco con una vejiga que se llena o se vacía de aire a través de unas válvulas, conforme el buceador lo necesite. Su función fundamental, como su propio nombre indica, es la de controlar la flotabilidad, amén de otras funciones como fijar la botella, elemento de rescate, etc. Juega un papel vital en el ascenso y en el descenso, como veremos en el capítulo 4.

Regulador o suministrador de aire + octopus + latiguillo del BCD y manómetro de alta. Este conjunto de elementos es el encargado de darnos aire conforme se lo pedimos, es decir, a demanda. Junto con la botella forman el conjunto llamado «escafandra autónoma». Consta de dos partes fundamentales y de unas tuberías:

- **La cámara de alta o primera etapa.**Es un dispositivo complejo que está conectado directamente a la grifería de la botella. Reduce la alta presión del aire contenido en la botella a aproximadamente 8 o 10 atmósferas, que manda a la cámara de baja o segunda etapa.

- **Cámara de baja o segunda etapa.** Esta última está conectada a una de las salidas de baja presión de la cámara de alta y tiene una boquilla que se introduce en la boca y nos suministra aire a presión ambiente. Lleva un purgador para que si en algún momento entra agua en tu boca puedas vaciarla. El *octopus* es un suministrador de aire auxiliar conectado a la primera etapa, en otra de las salidas de baja presión. Tiene las mismas características de una segunda etapa y se utiliza en caso de emergencia. Actualmente es el regulador que debes entregar si tu compañero así te lo solicitara. Suele ser de color amarillo para diferenciarlo del regulador principal, y el latiguillo de conexión es más largo para que sea más accesible en el supuesto de que tengas que compartir tu aire.

- **El latiguillo o** *bestfeeder* sirve para facilitar el hinchado y deshinchado del BCD. Está conectado, al igual que el *octopus,* a una salida de baja presión.

- Finalmente, **el manómetro** nos indica la cantidad de presión que tiene la botella. Está conectado a la primera etapa por una de las salidas de alta presión. Lo normal es que al comienzo de la inmersión, cuando abrimos la botella, la presión que nos marque sea aproximadamente de 200 bares.

 **Dato**. Antiguamente llevar el *octopus* no era tan habitual y en caso de emergencia se practicaba el *kalumet,* que consistía en compartir tu regulador principal. Hoy en día, una pareja de buceo dispone de cuatro fuentes de aire, si bien hay escuelas que todavía hoy enseñan esta técnica del *kalumet* en los cursos, como una forma de seguridad adicional.

 ¡OJO!

Cuando te den la botella en la estación de buceo, verifica su presión y recuerda hacer siempre una depresión relativa en el circuito una vez montada la escafandra autónoma. En el barco, la botella siempre debe llevar una ligera presión. Tócala, y si observas que está caliente porque la carga se haya hecho recientemente, recuerda a Gay Lussac: la presión bajará al introducirla en el agua por la brusca variación de la temperatura.

Terminamos de revisar los componentes del equipo pesado con la descripción del **ordenador de buceo**. Tiene el aspecto de un reloj de muñeca con una esfera algo más grande. Nos proporciona la información fundamental sobre los diferentes parámetros de la inmersión (profundidad, tiempos de descompresión, parada de seguridad, tiempo de inmersión y algunos más sofisticados, incluso la cantidad de aire que nos queda en la botella). Ofrece mucha seguridad y por tanto evita estrés. Es un elemento muy importante para la práctica del buceo y se recomienda que cada buceador tenga el suyo propio.

El equipo complementario

Además de los equipos ligero y pesado, los buceadores pueden disponer de una serie de accesorios que se agrupan bajo el nombre de equipo complementario. Detallaremos algunos de estos accesorios a continuación.

La **brújula** sirve para orientarse; su manejo es sencillo y muy útil.

El **cuchillo** no es una herramienta de defensa; es conveniente llevarlo por si quedas atrapado en algún sedal o red de pescadores. Si alguna vez ocurriera, nunca intentes zafarte por ti mismo porque te liarás más; quédate quieto y deja que tu compañero actúe. Esta es una norma de seguridad entre los buceadores.

La linterna nos proporciona luz artificial, que hace que los colores revivan de una manera extraordinaria bajo el agua. La luz artificial es necesaria dado que la luz solar al entrar en el agua pierde capacidad lumínica debido a fenómenos ópticos (reflexión, refracción y difusión). Esto hace que conforme descendemos al fondo del mar se vayan perdiendo los colores, reduciéndose la visibilidad. Debido a un uso indebido por parte de los buceadores, cada vez son más las áreas de buceo en las que no está permitido llevar linternas ni cuchillos.

Profundidad (m)	Morado	Azul	Verde	Amarillo	Naranja	Rojo
Absorción de colores con la profundidad						
0						
5						
15						
30						
75						

Algunos elementos que facilitan la comunicación bajo el agua son el **sonajero o avisador** para avisar al compañero en caso de emergencia.

Para comunicarnos desde el fondo con la superficie contamos con la **boya de señalización**. Sirve para advertir a las embarcaciones en superficie sobre la posición de los buceadores y también para señalizar su posición si se pierden del grupo. Al preparar su lanzamiento es fácil que varíe tu flotabilidad, por lo que un buen punto de referencia, mientras el buzo realiza la maniobra, es su compañero. Si tu compañero se coloca frente a ti y le miras de vez en cuando mientras manipulas la boya, será más fácil mantenerte en la posición, ya que al estar pendiente de la maniobra se pierde la flotabilidad neutra. Si no estás muy acostumbrado, hay que tener cuidado al lanzarla, debido a que la fuerza con que asciende, una vez hinchada, podría arrastrarte hasta la superficie.

Existen accesorios más específicos que nos ayudarán en la actividad del buceo bajo determinadas condiciones. Entre ellos cabe mencionar el **gancho de corrientes**, el **palo** para fondos fangosos, la **pizarra**, etc.

También es recomendable tener en tu bolsa de buceo una **caja con herramientas** y materiales de repuesto, una bolsa estanca donde llevar el pequeño material que queramos proteger del agua y —por qué no— unas pastillas contra el mareo y agua potable.

¿Podemos poner algo de orden a la hora de equiparnos?

Llegado este momento es conveniente saber que el orden de los factores podría alterar el producto y es fundamental en la actividad del buceo. En los centros de buceo o barcos de vida a bordo, es curioso ver a buceadores con el traje puesto colocando el equipo, sudando la gota gorda, incómodos, y lo peor, deshidratándose.

Memorizar de forma ordenada la lista que aparece a continuación nos ayudará a evitar el estrés del principio y a estar más cómodos.

1. **Botella.** Nos aseguramos de si está cargada, preguntando al responsable.

2. **BCD.** Es recomendable mojar los atalajes de sujeción de la botella antes de fijarla. No olvides aplicar antivaho en tu máscara de repuesto.

3. **Regulador y** *octopus*. Colocar latiguillo de inflado del BCD, abrir la botella y comprobar que la presión esté alrededor de 200 bares, con el

manómetro hacia abajo, para evitar daños por rotura. Escuchamos para detectar posibles fugas de aire y revisamos que las segundas etapas funcionan correctamente y el BCD infla y desinfla. Cerramos la botella e introducimos los latiguillos en el interior del BCD, sujetándolos con el velcro de la faja para que no queden colgando.

 ¡OJO!

Al volver a abrir la botella, para iniciar la inmersión, es necesario abrir el grifo hasta el final y girar media vuelta en el sentido de cerrar (de este modo sabremos si está abierta o cerrada). Una vez abierta es conveniente inspirar y espirar enérgicamente, comprobando que la aguja del manómetro no se mueve; de este modo nos aseguramos de que la botella está bien abierta.

4. **Traje de neopreno.**

5. **Escarpines.** Es conveniente colocarlos por dentro del traje.

6. **Ordenador de buceo.** No olvides programarlo si buceas con NITROX.

7. **Red de transporte.** En ella se suelen llevar guantes, capucha, una botella de agua o las gafas de sol.

8. **Lastres o cinturón de plomos.** Nos lo pondremos en el último momento y con una colocación que evite escorarse.

9. **Chequeo.** Una vez que nos hemos equipado, realizamos un chequeo mutuo con nuestro compañero, el cual será un espejo para nosotros y nosotros para él. Formalmente, en algunos manuales, se habla de un total de tres chequeos. A nosotros nos gusta llamarlo efecto espejo y este debe ser continuo, sobre todo —pero no solamente— antes de la inmersión.

10. Buena hidratación, antes y después, y a disfrutar con mucho respeto.

Es importante saber que todo este equipo requiere de unos cuidados y mantenimiento. La sal, el sol, la cal y el trato inadecuado hacen que el material se deteriore más rápidamente. Para evitarlo es esencial el endulzado de todo el equipo una vez terminada la inmersión, y no exponerlo al sol para su secado. Cada cierto tiempo es conveniente que un profesional te revise ciertos elementos como el regulador, el BCD o tu ordenador. También hay cursos específicos para el mantenimiento y cuidado del material.

En cualquier deporte, incluido el buceo, la renovación periódica del equipo es un aspecto muy importante, dado que la fatiga de los materiales podría hacer que estos se rompan o fallen a pesar de realizar todas las medidas de mantenimiento y cuidado que hemos mencionado. Aunque consideres que tu equipo está en buen estado, cuando lo has utilizado mucho o han pasado cierto número de años desde que lo compraste es recomendable su renovación.

¡La bolsa siempre preparada y revisada para la próxima inmersión!

Capítulo 4

Como pez en el agua

La expresión «como pez en el agua», que utilizamos para decir que nos sentimos en nuestro hábitat natural, podría tornarse un paradójico sueño cuando hablamos de buceo. Estamos diseñados para vivir en la superficie terrestre, y cuando estamos bajo el agua nos encontramos en un medio de naturaleza hostil para nosotros. Pretender sentirse como pez en el agua mientras estamos en el fondo del mar no parece algo inmediato. Sin embargo, es posible, y solo es cuestión de adquirir ciertas destrezas, conocimientos, y de utilizar los instrumentos que hemos visto en el capítulo anterior, a modo de equipación. Bajo el agua, la información que entra por nuestros sentidos se distorsiona, la función vital de respirar se complica y nuestra forma de movernos podría hacernos perder el equilibrio. A continuación veremos qué ocurre con los sentidos al sumergirnos y cómo podemos mantener el equilibrio para sentirnos como pez en el agua, en el seno del mar.

El oído y la vista merecen una mención especial, dado que son las dos puertas sensoriales que mayor alteración sufren en la práctica del buceo. Por un lado, el oído es el órgano que se ve más afectado por el aumento de la presión, debido a la fragilidad de la membrana timpánica. Es necesario entender su comportamiento ante la presión, así como las maniobras oportunas que nos permitan un descenso seguro para realizar nuestra inmersión. La vista, por otro lado, se hace borrosa cuando nuestros ojos entran en contacto con el agua.

Lo que aquí se describe en cuanto a la vista y el oído, son simplemente unas nociones básicas que todo buceador reconocerá y que aquellos que nunca han buceado es bueno que conozcan de antemano.

¿Peces con orejas?
La importancia del oído en la práctica del buceo.

No, no estamos locos. Obviamente, los peces no tienen orejas. Pero nosotros sí, y esto es un problema cuando pretendemos parecernos a ellos, pues el agua presionando sobre nuestro tímpano puede tener graves consecuencias. Por el contrario, los peces tienen un oído muy poco desarrollado, repartido entre un órgano rudimentario en el cráneo (órgano de Weber) y la «línea lateral».

El sonido en el agua se transmite cuatro veces más rápido que en el aire (1500 m/s frente a los 340 m/s en el aire). Esto es importante y a la vez complejo para nosotros cuando estamos buceando, dado que cualquier sonido nos parecerá más próximo y sin ubicación aparente.

La función de nuestro oído es transmitir los sonidos al cerebro, y su anatomía es muy compleja y sofisticada, por lo que no vamos a revisarla en profundidad en esta Guiaburros. Consta de tres partes principales: oído externo, oído medio y oído interno. Físicamente se puede describir del siguiente modo: tenemos que, tras el oído externo (oreja), un corto conducto nos lleva a una membrana de tejido muy frágil que nos aísla el interior del oído y que marca el inicio del oído medio. Se llama tímpano y merece una mención especial en la práctica del buceo. Por su fragilidad, es la parte de nuestro cuerpo más sensible a los efectos de la presión, es elástico y totalmente impermeable. Es importante que su elasticidad se mantenga, ya que es la responsable de que las vibraciones se transmitan al oído medio, a través de una cadena de huesecillos que las conducen hasta el oído interno. Finalmente, a través de la ventana oval, el nervio auditivo envía la señal a nuestro cerebro donde es interpretada.

Al iniciar la inmersión es necesario tener en cuenta que la presión aumenta. Recordad que a 10 metros ya tenemos el doble de presión que en superficie actuando también sobre el tímpano. Pero, ¿cómo es posible que una membrana tan sensible pueda soportar tal incremento de presión? Compensando o equilibrando, poco a poco, la diferencia de presiones a ambos lados del tímpano, entre el oído medio y el mundo exterior. Para ello tenemos la trompa de Eustaquio, cuya misión es precisamente esta. Esta parte del oído se encarga de comunicar el oído medio con la nasofaringe, que se encuentra en la parte superior trasera de la garganta, detrás de la nariz. Está formada por dos tubos cuyos extremos en la garganta se abren al tragar, para igualar las presiones del aire entre oído medio y el exterior y para renovar el aire en el oído (también para drenar secreciones).

Tal y como hemos visto, la diferencia de presiones en el descenso puede llegar a aumentar tan rápido que no seamos capaces de igualarla espontáneamente, en cuyo caso es necesario inducir la compensación de forma voluntaria. Existen dos formas de compensar que son las más comunes: la operación de tragado de saliva de forma enérgica y la maniobra de Valsalva. Ambas facilitarán la apertura de la trompa de Eustaquio, produciéndose así la compensación de la presión. La forma de compensar más utilizada, sobre todo entre los que se inician en el buceo, es la maniobra de Valsalva, mientras que algunos buceadores, generalmente experimentados, logran compensar realizando únicamente la acción de tragado.

¿Cuándo debo empezar a compensar voluntariamente? Y, ¿cómo se lleva a cabo la maniobra de Valsalva? Lo ideal es compensar desde el momento preciso en que iniciamos el descenso, sin esperar a notar ninguna sensación en nuestro oído.

La maniobra de Valsalva es una práctica un tanto agresiva, y se recomienda no hacerla en superficie. Consiste en pinzarse la nariz con los dedos, presionando a través de la máscara e insuflar aire en el interior de la nariz, con cuidado, para que ese aire pase a través de la trompa de Eustaquio y comunique con el oído medio. De este modo se equilibran las distintas presiones. Esto sucede porque a través de los conductos de la trompa de Eustaquio pasará el aire respirado a la presión a la que se encuentre el buceador y por ello se compensarán las dos presiones, la del exterior —que será la misma que soporta el buceador— y la del oído medio. Esto ocurrirá siempre y cuando dichos conductos estén despejados. Hacer el descenso de forma pausada nos permitirá controlar correctamente los oídos mediante la maniobra de Valsalva, de modo que evitemos cualquier molestia incómoda.

Si aparecen molestias, son síntoma de que no se ha logrado compensar bien, y para evitar accidentes nunca podemos dejar que estas se conviertan en dolor. Si esto ocurre, ascenderemos suavemente hasta dejar de sentir la molestia y volveremos a compensar. Si seguimos sin poder hacerlo habrá que abortar la inmersión. Puede suceder porque a causa de un resfriado o cualquier otro problema otorrinológico la permeabilidad de la trompa de Eustaquio no sea buena y quede obstruida, impidiendo el paso del aire. Un grado de mucosidad ínfimo te puede impedir realizar la inmersión.

Dato. El método Toynbee es otro método utilizado para inducir la compensación de forma simple y suave. Es sencillo: se trata de mantener la nariz tapada y tragar al mismo tiempo. Sin embargo, esta maniobra solo es efectiva ante pequeños cambios de presión y debe realizarse únicamente en el ascenso, si fuera necesario.

El mundo bajo los ojos de un pez

¿Por qué los peces pueden ver dentro del agua y nosotros no? La luz desaparece con la profundidad. El agua absorbe más luz que el aire y también la dispersa, haciendo que los objetos no se vean con claridad.

Los peces, a diferencia de los humanos, han desarrollado un sistema de adaptación en sus ojos que les hace capaces de ver con nitidez bajo estas circunstancias. Sus ojos son convexos y más grandes, para poder focalizar mejor la luz. Los humanos, por el contrario, no hemos desarrollado tales adaptaciones en nuestros ojos. La diferente propagación de la luz entre el aire y los líquidos de nuestro ojo (humor vítreo y humor acuoso) hace que la refracción de la luz tenga el ángulo exacto para formar la imagen nítida en la retina. Por esta razón, para poder ver en el agua, necesitamos que nuestros ojos estén en contacto con el aire, para que la imagen se forme nítida. La máscara de buceo es la encargada de crear una cámara de aire entre el ojo y el agua para poder ver nítidamente cuando buceamos. Si esta cámara de aire no existiera, el ángulo de refracción en el ojo sería tan distinto, en comparación con la superficie, que generaría una fuerte hipermetropía y la consiguiente visión borrosa.

Además, el efecto lupa de los cristales de la máscara creará una doble distorsión, que nos hará admirar la fauna y flora con un toque de fantasía. Por un lado, todo lo veremos más cerca; en concreto, un cuarto. Todo aquello que se encuentre a cuatro metros nos parecerá que está a tan solo tres. Del mismo modo, veremos lo que nos rodea aumentado en aproximadamente un tercio. Así, un pez de un metro nos parecerá como si midiese casi metro y medio. Quizá esta sea la explicación de la tópica exageración que se les asocia a los buceadores, que a menudo dicen ver peces gigantescos.

Al igual que hemos visto que el aire que hay en el interior del oído medio va a sufrir variaciones de presión, lo mismo ocurre con el aire que hay en nuestra máscara. Al aumentar la presión exterior por el incremento de la profundidad, es necesario equilibrar las presiones a través del aire que expulsamos por la nariz, para evitar que se produzca el efecto placaje o ventosa. El buceador debe recordar que en todo el descenso hay que ir insuflando aire en el interior de la máscara por la nariz.

Habiendo visto ya el oído y la visión, se podría deducir que perderse en el fondo puede ser fácil. Existe una norma general de actuación si pierdes a tu compañero. No esperes, gira 360º, mira hacia abajo y hacia arriba buscando sus burbujas, y si no se vieran, en un minuto comienza tu ascenso. Tu compañero debería hacer lo mismo; si es así os veréis enseguida en superficie, id siempre juntos.

Dato. En los buceadores de edad avanzada que han buceado durante mucho tiempo, la flexibilidad del tímpano se va reduciendo y endureciendo, lo que impide que vibre adecuadamente, pudiendo originar una pérdida de audición. Esto sucede debido a la gran cantidad de veces que han realizado maniobras de compensación.

 ¡OJO!

Si al buceador le costó compensar, le dolieron los oídos en la inmersión, le molestó en exceso en el ascenso, al salir a superficie dice que le duelen mucho los oídos, se toca insistentemente el oído o se marea, son síntomas de una lesión en el tímpano. Un diagnóstico rápido ante esta supuesta lesión (rotura o fisura) es mirar si hay sangre en el interior de la oreja, ponerle de pie, que cierre los ojos y observar si pierde el equilibrio. Si así fuera es necesario trasladarlo a un centro médico. Con una simple auscultación se sabrá qué barotrauma ha padecido. Puede suceder que simplemente se haya generado dilatación excesiva del tímpano por las maniobras mal ejecutadas, observando irritación y dolor intenso. No hay que preocuparse por los cuadros de epistaxis (sangrado por la nariz) cuando son aislados, pues a veces la compensación no es buena, sobre todo en novatos, y se rompen pequeños capilares, sin implicar ninguna patología grave.

Flotabilidad

En el capítulo 1 de esta Guiaburros hablábamos de las enseñanzas de Arquímedes. Ahora vamos a aplicar lo aprendido. Dependiendo de si el peso aparente es negativo, positivo o neutro, tendremos un resultado diferente en términos de flotabilidad.

Pero, ¿de qué depende que esto suceda? ¿Cuenta el buceador con algún tipo de elemento que le ayude controlar su flotabilidad? La respuesta es sí. Existen al menos cuatro elementos que intervienen en el control de la flotabilidad, y a continuación detallaremos el papel que juega cada uno de ellos.

En primer lugar hablemos de los **pulmones,** centrándonos en algunas particularidades que intervienen en el buceo. Se trata de dos órganos que pueden almacenar entre 4 y 6 litros de aire en su interior, son flexibles y con una expansión máxima de aproximadamente un 20 % de su tamaño. Si estos órganos sufrieran una expansión mayor ocurriría un accidente. En las prácticas de buceo con equipo ligero que se realizan en la piscina, al futuro buceador se le explica que vaciando los pulmones a voluntad y reteniendo la respiración podemos conseguir irnos al fondo de la piscina sin esfuerzo. Esto sucede porque con esta maniobra estamos variando el volumen de los pulmones, lo cual, como demostró Arquímedes, afecta a nuestra flotabilidad.

El control de la flotabilidad utilizando los pulmones es de vital importancia para un buceador. Antes de la existencia del BCD, los buceadores conseguían la flotabilidad neutra con una buena precisión en el lastre y un muy buen control de la respiración, evitando en todo momento realizar apnea.

En segundo lugar, el *jacket* **o BCD** es, al igual que los pulmones, uno de los dos volúmenes de aire regulables a voluntad con los que cuenta un buceador. El principio enunciado por Arquímedes nos ayudará a entender su función a la hora de controlar la flotabilidad. Cuando un buceador en inmersión infla su BCD, lo que está haciendo es aumentar su volumen, y por tanto, a mayor volumen desplazará mayor cantidad de agua y su flotabilidad irá en aumento.

Lo contrario ocurre cuando el buceador vacía su BCD: al disminuir su volumen su flotabilidad será menor. Es importante tener en cuenta algunas cuestiones relacionadas con el BCD en descenso y en ascenso, dos situaciones en las que vamos a hacer uso de los conocimientos que nos transmitió Arquímedes de forma evidente. Cuando iniciamos el descenso deshinchamos despacio nuestro BCD y con ello disminuimos nuestro volumen para conseguir nuestro objetivo de ir bajando. Al principio de la inmersión siempre vamos sobrelastrados, dado que la botella llena de aire tiene un peso que puede rondar los 4 kilos (dependiendo del material y capacidad de la misma), el cual se reducen con nuestro consumo durante la inmersión.

En el ascenso no inflamos nunca el BCD, e intentaremos ascender impulsados por nuestras aletas. La razón estriba en que si hay algo de aire en el interior del BCD, irá aumentando su volumen conforme vayamos ascendiendo, ya que al ir reduciéndose la presión exterior intervendrá nuestro amigo Boyle, tal y como veíamos en el capítulo 1.

La expansión del volumen del aire hará que nuestro BCD se infle, lo que podría elevarnos a una velocidad superior a la deseada y generarnos problemas. Hay que tener en cuenta que la respuesta del BCD ante cambios en el volumen del aire que contiene es muy paulatina en el ascenso, y su efecto se nota con cierto retardo. Sin embargo, para el descenso su respuesta es inmediata.

El tercer elemento es el **traje de neopreno**. A mayor grosor del traje, más flotabilidad positiva nos proporciona. Un dato a tener en cuenta es que cuanto mayor es la profundidad a la que bajamos, el neopreno va perdiendo su capacidad de generar esta flotabilidad positiva debido a su aplastamiento por el aumento de la presión.

Finalmente el cuarto elemento es el **lastre**. Resulta fundamental para contrarrestar la flotabilidad positiva del buceador.

Afinar tu destreza en el uso de estos cuatro elementos descritos te ayudará conseguir un buen control de la flotabilidad. Esto evita problemas de sobresfuerzo o tener un consumo de aire excesivo. También ayuda a no tocar los fondos o paredes del medio acuático. Si alcanzas la

flotabilidad neutra te acercará a experimentar el sueño de
Ícaro como si fuera real.

Dato. Existen dos cosas que flotan: la grasa corporal y el miedo. Para la práctica del buceo no se requiere ser un gran deportista, pero tener un buen tono muscular facilita el control de la flotabilidad. El miedo o los nervios, lógicos al inicio, dado que son muchas las cosas que hay que recordar y confiar en que nada falle, hará que respiremos más intensamente incrementando así nuestra flotabilidad positiva y la acumulación de estrés. Recordad siempre que del estrés al pánico hay solo un paso.

Capítulo 5

¿Deporte de riesgo?

Satisfacer nuestro deseo de conocer y disfrutar del medio acuático de primera mano conlleva algunos riesgos de los que hay que concienciarse. Conocernos fisiológicamente es muy importante para descubrir qué partes de nuestro organismo podrían verse afectadas por el hecho de practicar el buceo con escafandra autónoma. Mucho se ha hablado de los riesgos asociados a esta actividad; sin embargo, el avance en el conocimiento y las mejoras en la tecnología aplicadas a la equipación submarina hacen que el buceo sea una actividad cada vez más segura, que gana popularidad a gran velocidad.

La mayoría de accidentes que ocurren en el buceo son fruto de la ignorancia. Si nunca te has planteado bucear, es posible que hasta ahora no hayas reparado en los riesgos y fisiopatologías que vamos a describir, ya que en nuestro medio terrestre raramente se manifiestan en la vida cotidiana. Con el contenido de este capítulo no se pretende inducir a la consideración del buceo como deporte peligroso, sino hacer consciente al buceador de las precauciones que debe tomar para disfrutar de esta actividad asumiendo el mínimo riesgo. Es importante recordar que cualquier incidente se debe solucionar en el seno del agua.

Cuidado con las leyes físicas: los barotraumatismos

El agua del mar tiene una densidad 800 veces mayor que el aire que respiramos en la superficie terrestre. Adentrarnos en un medio tan diferente al nuestro a veces genera consecuencias negativas que se cobran sus tributos, y en algunas ocasiones el precio puede ser caro. Por ello debemos intentar en la medida de lo posible que los accidentes no ocurran.

Baro significa presión y *traumatismo* accidente. Los barotraumatismos son daños provocados en las cavidades aéreas indeformables de nuestro cuerpo, debido a la expansión de los gases en ellas. A continuación mencionaremos los barotraumatismos asociados a la práctica del buceo y sus principales consecuencias. Empezaremos a enumerarlos por la cabeza e iremos bajando por las diferentes cavidades del submarinista.

Oído

La ruptura del tímpano es un barotraumatismo del oído medio. Suele venir producida por la obstrucción de la trompa de Eustaquio, que impide la compensación. La presión exterior o la interior descompensadas arquean el tímpano hasta sobrepasar su límite de resistencia, lo que hace que se rompa. Algunas afecciones tales como un simple resfriado, que en superficie te permite hacer una vida normal, al sumergirnos nos podría limitar la capacidad para compensar los oídos. Cualquier enfermedad que afecte al oído medio, tímpano, vértigos, haber sido intervenidos quirúrgicamente en otorrinolaringología, desviaciones del tabique nasal o pólipos, pueden impedirnos una buena compensación.

Ojos

Tal y como veíamos en el capítulo 4, es esencial que durante el descenso vayamos igualando la presión que existe en el aire contenido en la máscara con la presión a la que nos encontremos conforme descendemos. El objetivo es evitar un barotraumatismo ocular debido al placaje de la máscara. La máscara de buceo está especialmente diseñada para que esta compensación de presiones pueda llevarse a cabo. Es por ello que un buceador no podría bucear con unas gafas de piscina o natación, dado que en estas gafas el aire que queda en el interior no puede ser compensado, con el riesgo de sufrir un barotrauma ocular. Algunos buceadores creen que llevar la nariz tapada es para poder compensar los oídos, y esa no es la única ni la razón fundamental.

Senos paranasales y frontales

Son cavidades excavadas en los huesos del cráneo en contacto con las fosas nasales. Se encuentran en la cara y en la frente y su compensación es automática, siempre y cuando los conductos no estén alterados o taponados. Una causa de alteración es la sinusitis, que puede obstruir los conductos de comunicación con las fosas nasales. O también un grado de mucosidad alto generado por un resfriado o por un proceso alérgico. La mucosidad es uno de los mayores enemigos del buceador. Un simple resfriado nos puede hacer abortar una inmersión; una congestión que te puede parecer insignificante en tu vida diaria, para un buceador puede ser crítica.

Los efectos de alguna anomalía en los senos se notan generalmente en el momento de descender, en los primeros metros. Van desde un dolor hasta un pinchazo agudo en la cara o en la frente. Si esto ocurriera, es importante no intentar ningún tipo de compensación. Al menor síntoma de dolor en la cara es aconsejable abortar la inmersión. Otra vez será.

Boca

Dentro de la boca es importante tener cuidado con las caries, pues podrían ser una cavidad cerrada más en la que entra el aire, y ya conocemos lo que podría ocurrir ante diferencias de presión.

Glotis

El espasmo de glotis es un barotraumatismo que se genera por el bloqueo de la glotis. Los síntomas son la dificultad o imposibilidad de poder exhalar el aire de tus pulmones. No es un barotrauma muy habitual en la práctica del buceo y las causas pueden residir en un susto, una respiración muy agitada, la sequedad de las vías respiratorias o la falta de hidratación.

Pulmones

La sobrexpansión pulmonar es el barotrauma más temido por los buceadores.

Los aprendizajes de Boyle y Arquímedes, unidos al control del BCD, nos ayudarán a entender y así poder prevenir este accidente. La sobrexpansión pulmonar se produce por la retención del aire en el ascenso. Las causas de este accidente pueden ser múltiples, siendo una de ellas realizar un ascenso no controlado o «en globo».

Al iniciar el ascenso la presión exterior disminuye, y por tanto el aire que tenemos en el interior del BCD empezará a expandirse. Este aire en el interior del BCD no es otro que el que hemos ido introduciendo durante la inmersión para el control de la flotabilidad. Dicho fenómeno se produce como consecuencia de los motivos explicados por nuestro amigo Boyle. Esto provocará un aumento del volumen del buzo y el consiguiente ascenso, tal y como nos explicó Arquímedes, debido al empuje ascensional. Si esto no se controla, podría ocasionar un ascenso demasiado rápido. Si durante este ascenso no se expulsa el aire que hay en nuestros pulmones, este aire se expandirá y podría generar el consiguiente accidente por sobrexpansión de los pulmones.

Realizar apneas durante la inmersión con aire comprimido también podría ocasionarnos la sobrexpansión pulmonar. Finalmente, el ascenso del submarinista inconsciente como consecuencia de patologías múltiples, la pérdida del lastre, el estrés o el pánico, podrían también originar este tipo de ascensos rápidos, con el riesgo que ello conlleva.

Hay un ejemplo claro para concienciar al buceador de este riesgo que, desgraciadamente, a veces se convierte en accidente muy grave. Imaginemos la práctica de buceo en una piscina de tres metros de profundidad. ¿Qué creéis que ocurrirá? Al fin y al cabo, tres metros tampoco es tanta profundidad. Pues bien, el accidente que esto provocaría si el buzo asciende con los pulmones llenos de aire podría ser fatal.

- Volumen pulmonar: aproximadamente 6 L.
- Elasticidad máxima de nuestros pulmones: 20 % de su volumen = 1,2 L.
- Volumen máximo admitido por nuestros pulmones: 6 L + 1,2 L = 7,2 L.
- Presión absoluta a - 3 m: 1,3 atm.

A grandes rasgos, permitiéndonos esta simplificación de la ecuación general de los gases (ver capítulo 1):

Moles de gas = Volumen 6 (litros) x presión absoluta 1,3 (atmósferas) = 7,8 moles

En superficie, estos 7,8 moles equivaldrán a 7,8 litros de aire, claramente superior a los 7,2 que es la máxima capacidad pulmonar. Esta lógica es aplicable a cualquier cavidad aérea cuyo interior contenga aire a presión.

¿Cuáles son las consecuencias de este accidente?

Por desgracia, las consecuencias suelen ser muy graves. La dilatación pulmonar en proporciones superiores al 20 % provoca la rotura de alveolos. Como a un lado del alveolo tendremos gas y al otro habrá sangre, dicha rotura provocaría una hemorragia que podría desencadenar un *shock* hipovolémico grave. Por otro lado, el paso de aire a la sangre podría provocar la embolia de aire traumática.

¿Qué podemos hacer para prevenir este accidente?

Vaciar completamente el BCD al iniciar el ascenso es una condición necesaria, pero no suficiente, para evitar un ascenso incontrolado. Además, llevar el lastre correcto es muy importante, especialmente para poder controlar la flotabilidad durante la parada de seguridad o descompresión, donde el empuje ascensional será mayor y nuestro peso menor, debido a que hemos consumido la mayor parte del aire de nuestra botella. A medida que vamos ascendiendo poco a poco, es muy importante expulsar el aire de nuestros pulmones.

En caso de un ascenso descontrolado o un escape libre por la circunstancia que sea, recordad realizar una hiperextensión del cuello y emitir la letra A hasta llegar a superficie. Todo ello con el fin de favorecer la expulsión del aire.

Los síntomas de este accidente son relativamente fáciles de descubrir y podrían manifestarse mediante el sangrado por la boca, tos muy aguda o pérdida de consciencia. Si sabemos que la víctima ha salido muy rápido, una primera medida es administrar oxígeno al 100 % e inmediatamente gestionar su traslado urgente a una cámara hiperbárica.

 **Dato**. Las lesiones más frecuentes en los accidentes de buceo son los trastornos del oído medio (46 %), seguidos de los del oído interno (18 %), nariz y senos paranasales (17 %), oído externo (8 %) y enfermedad descompresiva (8 %).

Intoxicaciones

En la práctica del buceo existen cuatro tipos de intoxicación, cada una de ellas ocasionada por un gas diferente: nitrógeno, oxígeno, dióxido de carbono y monóxido de carbono. Veamos brevemente cada una de ellas.

Narcosis

La intoxicación por nitrógeno se llama narcosis y sus efectos son muy parecidos a los de una ingesta de alcohol excesiva. Se trata de una pérdida de control progresiva. Deberemos estar pendientes de nuestro compañero de buceo, para poder percatarnos de actitudes extrañas que pudieran hacernos pensar que está sufriendo una intoxicación de este tipo. Si sospechamos que estamos ante un episodio de narcosis, el protocolo a llevar a cabo consiste en ascender de cota hasta que desaparezcan los síntomas. En general no deja secuelas, pero en caso de no detectarla a tiempo, la persona afectada podría sufrir un descontrol realizando acciones inconscientemente como no prestar atención o sacar el regulador de su boca. Estas acciones pueden poner en peligro la vida propia y la del compañero.

Como referencia diremos que a partir de una presión de 4 atmósferas (30 metros), algunos buceadores empiezan a notar los síntomas. Sin embargo, esta profundidad no es exacta y puede variar según las personas y sus condiciones. Es importante tener en cuenta que los efectos de la narcosis pueden aparecer a cualquier profundidad; por lo tanto, reconocer sus síntomas es clave y nunca pude ser descartada por el hecho de no estar practicando buceos profundos. Además de la profundidad influyen una serie de factores personales, tales como:

- Estado físico del buceador (cansancio).
- Estrés (poca experiencia).
- Ejercicio físico intenso durante la inmersión.
- Ingesta alcohólica antes de la inmersión.
- La sensibilidad de cada persona al nitrógeno.

La sintomatología de la narcosis puede ser diversa, evolucionando desde un estado de euforia hasta la pérdida de consciencia:

- Estado eufórico.
- Ralentización de los movimientos.
- Dificultad de razonamiento.
- Excitación.
- Alucinaciones.
- Actitud incontrolada.
- Pérdida de consciencia.

La mejor actuación frente a una narcosis es la prevención. Así mismo evitaremos la ingesta de bebidas alcohólicas y descansaremos adecuadamente antes de bucear.

Hiperoxia

La intoxicación por oxígeno durante la práctica del buceo recreativo y utilizando la mezcla habitual de gases en el aire que llevamos en la botella, es improbable salvo que no se respeten las normas recomendadas de seguridad. La toxicidad se produciría a presiones correspondientes a unas profundidades de 56 metros (presión parcial de 1,4 atm), fuera de los límites del buceo recreativo.

Sin embargo, podría ocurrir que decidamos bucear con aire enriquecido, más comúnmente conocido como NITROX. Este aire lleva una cantidad de oxígeno en la mezcla superior al 21 %. Para poder bucear con NITROX es necesario un curso específico, donde entre otras cosas aprenderemos qué precauciones tomar en términos de límites de profundidad al bucear con diferentes mezclas.

Hipercapnia

El «hambre» de aire o la necesidad de respirar viene provocado por un exceso de CO_2 en nuestro organismo. La palabra hipercapnia significa «demasiado humo», y por tanto la enfermedad de hipercapnia surge precisamente por el exceso de dióxido de carbono (CO_2) en el torrente sanguíneo. El problema se origina cuando se produce una insuficiente ventilación pulmonar que puede darse por dos causas principalmente.

En primer lugar, se puede generar un exceso de producción de CO_2 como consecuencia de un ejercicio físico intenso —por ejemplo, al nadar contra corriente—, o por la pérdida de calor excesiva, cuando se bucea en aguas frías o sin el aislamiento adecuado. El trabajo respiratorio durante la inmersión es mucho más intenso que en superficie debido a la alta densidad del aire, que aumenta conforme descendemos. De este modo, la insuficiencia respiratoria y el esfuerzo por controlarla podrían hacer que se acumule una cantidad excesiva de CO_2.

En segundo lugar, una deficiente eliminación de CO_2 podría venir originada por una mala ventilación pulmonar; inspiraciones profundas seguidas de espiraciones cortas hacen que se acumule el CO_2 en nuestro organismo. Por ejemplo, un regulador mal calibrado provocará que la respiración sea más costosa, teniendo en cuenta que el regulador por sí mismo, al proporcionar aire a demanda, ya genera un esfuerzo añadido para respirar.

Además, la acumulación excesiva de CO_2 en sangre favorece la acumulación de N_2, lo que aumentará la probabilidad de sufrir un problema de narcosis o una enfermedad descompresiva.

El protocolo a seguir ante una sospecha de intoxicación por CO_2 es cesar la actividad que estuviéramos realizando y comenzar a respirar lento y profundo, alargando en lo posible las espiraciones, para favorecer la eliminación de CO_2. En superficie, si prosigue el mal estado del buceador, se le retirará el equipo de buceo y le abrigaremos si fuera necesario. Seguidamente, hay que tumbar al buceador y administrarle O_2 a la máxima concentración posible, con el fin de hacer desaparecer el malestar general y el dolor de cabeza que ocasiona esta intoxicación. Es obligatorio que tanto en los centros de buceo como en las embarcaciones tengan una botella de O_2 para emergencias.

Las intoxicaciones leves por CO_2 son mucho más frecuentes de lo que los buceadores pensamos; lo que ocurre es que, al desaparecer con la regulación de la respiración y el descanso, no le damos mayor importancia. Como en casi todos los casos la mejor actuación ante una intoxicación por CO_2 es la prevención.

Intoxicación por monóxido de carbono

Las causas que pueden desencadenar una intoxicación de este tipo son una mala toma de aire del compresor en el proceso de carga de las botellas o que los filtros de dicho compresor se encuentren en mal estado. En definitiva, esta intoxicación puede darse si se produce el llenado de la botella con aire contaminado. Podremos prevenir que esto ocurra oliendo y saboreando el aire de nuestra botella antes de cada inmersión. Esto debe formar parte de nuestro protocolo de preparación para el buceo. Si nos damos cuenta de esto durante la inmersión, es necesario abortarla.

Los síntomas suelen ser dolor de cabeza, náuseas, mareos, vómitos, trastornos al respirar y, en ocasiones, puede producir la muerte.

El accidente de descompresión

La enfermedad o accidente de descompresión se produce, generalmente, por una reducción brusca de presión después de haber estado sometido a una presión superior a la ambiental. Se trata de un accidente que puede generar graves consecuencias y por ello los buceadores extremamos todas las precauciones.

A medida que nos sumergirnos con aire comprimido, nuestros tejidos van acumulando los gases que componen el aire respirado, entre los que está en mayor medida el N_2, hasta que dichos tejidos se saturan o equilibran. En dicho estado de saturación no les cabe ni un poquito más de gas. Al ascender, con la disminución de la presión, empieza a generarse un exceso de gas en los tejidos que en el caso del N_2 debe ser eliminado, dado que nuestro cuerpo no lo metaboliza. Dicha eliminación se produce en forma de microburbujas. Respetando los tiempos y velocidades de ascenso, estas microburbujas deberían de ser asintomáticas y serán eliminadas, a través de los pulmones, mediante la respiración.

Si por alguna circunstancia nuestro ascenso es incontrolado, el exceso de N_2 en nuestros tejidos podría originar burbujas de un tamaño tal que dejarían de ser asintomáticas. Estas burbujas podrían originar un accidente de descompresión en caso de obstruir cualquier vaso sanguíneo, generando un trombo llamado embolia nitrogenada. Dichas burbujas también podrían quedarse estancadas en algún tejido, en cuyo caso sentiremos dolor o molestias en las articulaciones de la parte del cuerpo afectada. Si se produce la aparición de burbujas en la piel, en forma de manchas blancas, es necesaria igualmente la actuación de un médico hiperbárico dado que pueden ser la señal de una enfermedad descompresiva de mayor gravedad.

Además del ascenso incontrolado, la permanencia a profundidad más allá de los límites establecidos o la realización de numerosas inmersiones en cortos periodos de tiempo, harán que se acumule una mayor cantidad de N2 en nuestro organismo. Un dato muy importante a tener en cuenta es que si nuestro buceo no supera una profundidad de diez metros, entonces nunca sufriremos un accidente de descompresión, con independencia del tiempo que estemos sumergidos.

Los síntomas de un accidente de descompresión pueden ser hormigueo, dolor en brazos y piernas, parestesias, parálisis, dolor de cabeza, vértigos, dificultad para respirar o agotamiento. Estos síntomas suelen aparecer en un tiempo indefinido, durante o después de la inmersión. El comportamiento de los tejidos es realmente caprichoso. Generalmente, estos accidentes se tratan metiendo al paciente en una cámara hiperbárica (simulador de buceo en seco). Dependiendo de la gravedad, los tratamientos en estas cámaras pueden llegar a ser largos y desgraciadamente en ocasiones dejan secuelas irreversibles.

Con un tratamiento adecuado en tiempo y técnica se pueden evitar lesiones permanentes. Por ello, ante los síntomas indicados, lo más recomendable es contactar rápidamente con un médico hiperbárico, incluso si no nos parecen graves en ese momento.

¿Qué es el techo virtual del que hablan algunos buceadores?

El techo virtual es como si se tratase de un techo real, que si pretendes sobrepasar te golpeas físicamente con él. Si haces un buceo en el que no entras en «deco» podría decirse que este techo no existe. Sin embargo, si la inmersión que has realizado, debido a sus características de tiempo y profundidad, requiere paradas de descompresión, aparecerá en escena el techo virtual. Aunque no sufras ningún golpe al tratar de sobrepasarlo, si no respetas los tiempos de permanencia a las profundidades marcadas por tu ordenador, podrás sufrir una enfermedad descompresiva.

 ¡OJO!

La práctica de un buceo responsable va a requerir que conozcamos mejor nuestro cuerpo. A partir de ahora en nuestras «tuberrías» (recordando a mi amigo Klaus, pionero del submarinismo en España), después de una inmersión, tendremos algo que antes jamás habíamos tenido en nuestro organismo: microburbujas asintomáticas, que tranquilamente desaparecerán una vez transcurrido un tiempo en superficie. No debemos obviar las alteraciones que podría generarnos no hacer las cosas bien. Jamás buceéis por debajo de la profundidad que os competa según vuestras titulaciones, ni por debajo de vuestro guía o instructor.

Capítulo 6

...O actividad segura

La comunicación en el buceo es un aspecto fundamental. La actividad humana en el seno del mar se está incrementando cada vez más, y sin embargo la capacidad de comunicarse bajo el agua apenas ha evolucionado. Las limitaciones de visión en ángulo, campo y distancia son muy acusadas por diferentes causas, como la existencia de partículas en suspensión que limitan la visibilidad, los sonidos que no podremos ubicar con claridad y además nuestra propia máscara. Todo ello hará que la comunicación y orientación bajo el agua sea más compleja. De ahí que dependamos de unas señas y herramientas que detallaremos a continuación. Una buena comunicación hará que la actividad del buceo sea más segura, ya que si somos capaces de transmitir lo que ocurre es muy probable que nuestro compañero o *divemaster* puedan asistirnos.

No solo nos comunicamos fuera del agua para revisar a nuestro compañero, para conocer en qué consistirá la inmersión (*briefing*) o cualquier información que se nos transmita sobre protocolos o sobre el entorno. La comunicación bajo el agua y en superficie también es de vital importancia para nuestra seguridad. Una comunicación efectiva minimizará situaciones de estrés y nos generará una mayor tranquilidad, estado muy importante para la práctica del buceo.

Planificación de la inmersión: el *briefing*

El *briefing* se considera la primera norma de seguridad en buceo. Se trata de una sesión informativa, como su propio nombre indica, que lleva a cabo el responsable de la inmersión. En ella se detalla en qué consistirá la inmersión a realizar, se recuerdan las señas más importantes a fin de generar un consenso en la comunicación con el *divemaster* o instructor, se explican las particularidades del entorno en el que tendrá lugar la inmersión (presencia de corrientes, animales que podrían ser avistados, etc.) y se recuerdan los protocolos más importantes a seguir (ejemplo: qué hacer en caso de pérdida del compañero). Con frecuencia también se recuerdan las normas básicas de comportamiento bajo el agua, de modo que se garantice el respeto al medio.

Si bien existe un consenso generalizado en el contenido básico del *briefing*, no se estipula su duración o nivel de detalle. Resulta esencial prestar al *briefing* toda la atención que se merece. Si en él se hace suficiente hincapié en el itinerario a seguir durante la inmersión, así como sus posibles variaciones, estaremos mucho más tranquilos dentro del agua y evitaremos alteraciones ante posibles modificaciones en el itinerario, debido a las condiciones que encontremos. Cuanto más completo sea el *briefing*, podremos disfrutar de la inmersión con mayor tranquilidad.

La comunicación bajo el agua

Si no podemos hablar con claridad bajo el agua, ¿cómo nos comunicamos?

En el mundo submarino y dentro de los cursos de buceo debería haber un capítulo en el que se enseñara la lengua de signos que utilizan los sordos. ¡Para ellos es este mundo submarino! Pueden comunicarse bajo el agua tal y como lo hacen en superficie. Imaginad el grado de seguridad y satisfacción que ganaríamos.

La comunicación bajo el agua se realizará mediante señas si la inmersión es diurna o a través de señales luminosas en inmersiones nocturnas. Ya sea mediante señas con nuestras manos o con la linterna, existe un código básico internacionalmente aceptado. Una norma básica en la comunicación por señas bajo el agua es que es bidireccional. Es decir, nuestro interlocutor, normalmente un compañero o *divemaster* encargado de guiar la inmersión, deberá responder siempre ante cualquier señal que realicemos. Esto nos ayudará a cerciorarnos de que ha entendido aquello que queríamos comunicar. Además, una buena práctica, recomendada por algunos manuales, es la de intentar comunicarse cuando tu compañero esté inspirando, ya que en la exhalación las burbujas y el ruido de las mismas podría dificultar la comunicación.

A continuación se enumeran algunas de las señas más comunes a utilizar en inmersiones con visibilidad aceptable del compañero:

Señas básicas del buceo

Las señales luminosas para inmersiones nocturnas se realizan ayudándonos de nuestra linterna. Se utilizan en inmersiones nocturnas y en espeleobuceo, las cuales requieren formación de buceo avanzado. Por ello no entraremos a explicarlas en detalle, dado que excede del objetivo de esta Guiaburros. En una inmersión nocturna también hay que tener muy presente no apagar jamás tu linterna, puesto que el guía contará el número de luces de vez en cuando, para comprobar que están todos los de su grupo. La linterna no solo nos sirve para ver en la oscuridad de las inmersiones nocturnas, sino como elemento de seguridad.

Además de las señas con nuestras manos y aquellas que realizamos con la linterna, existen otras formas de comunicación en la inmersión que van desde las más básicas, como las tablas o pizarras para escribir bajo el agua, pasando por el sonajero, hasta las más sofisticadas, que incorporan componentes tecnológicos importantes.

Comunicación en la superficie del mar

Como buceadores no solo necesitamos comunicarnos para conocer el plan de la inmersión, el entorno en el que buceamos o bajo el agua. La comunicación en la superficie del agua también juega un papel importante en el buceo.

Cuando estamos en superficie, pero dentro del agua, bien terminando o empezando nuestra inmersión, es necesario que las personas que están en el barco sepan que nos encontramos bien. Por ejemplo, cuando saltamos al agua para iniciar nuestra inmersión, es importante comunicarnos para que las personas que nos supervisan sepan si esta primera toma de contacto con el agua ha ido bien. Para ello haremos la señal de OK en superficie llevando una de nuestras manos a la cabeza. Igualmente contestará la persona a la que se la hagas.

Una vez iniciada la inmersión, las personas que se quedan en el barco también podrán conocer nuestra posición visualizando nuestras burbujas. Esto también se considera una forma de comunicación, si bien nunca podrá ser bidireccional.

Como buceadores, llevaremos siempre con nosotros una boya de señalización. Esta será utilizada para avisar a los barcos o compañeros en superficie de nuestra posición bajo el agua, generalmente durante el proceso de ascenso.

Además, una vez arriba, la boya naranja también ayudará a los buzos de tierra o conductores de las embarcaciones a identificar dónde nos encontramos.

Además de nosotros, como buceadores, la comunicación entre los barcos y con los puertos también es necesaria. Las banderas Internacional y Alfa cumplen esta misión. Ambas pertenecen al código internacional de señales para la navegación y cada una de ellas tiene un mensaje asociado. Se trata de banderas con significado internacional, empleadas por todos los marineros. La bandera Alfa indica que hay buzos sumergidos, y por lo tanto los otros barcos se deben mantener alejados y reducir su velocidad. La bandera Internacional tiene su origen en la bandera Bravo de los marineros, y también señaliza la presencia de buceadores en el agua cercanos a una embarcación. En el código internacional de señales esta bandera significa: carga, descarga o transporte de mercancías peligrosas (explosivos), por lo que se pensó que una bandera similar disuadiría a las embarcaciones de acercarse a la zona donde hubiese buceadores y así no correrían riesgos.

Del estrés al pánico hay un solo paso

El estrés es un estado de nuestro cuerpo ocasionado por diferentes factores que nos causan nervios o inquietud. Existe un estrés adaptativo, que es considerado positivo. Este tipo de estrés activa un mecanismo motor que nos libraba de ser comidos por el león en la prehistoria o de ser atropellados por un coche en la actualidad. Sin embargo, más allá de esto, el estrés tiene consecuencias muy negativas en nuestras vidas en general y en la práctica del buceo en particular. Es necesario conocer que el estrés se genera por un proceso acumulativo que fácilmente nos puede conducir al pánico. Dicho pánico podría generar actuaciones irracionales como la de querer subir a la superficie durante un paseo submarino, y como hemos visto en el capítulo anterior, esto puede provocar complicaciones serias.

Enfrentarse a lo desconocido genera incertidumbre, y más aún cuando se trata de un medio hostil para los habitantes de la superficie terrestre. Por ello es importante mantener una actitud positiva, basada en una comunicación clara y tranquila, tanto dentro como fuera del agua. Localizar y palpar nuestro equipo es un ejemplo de acciones que nos aportan tranquilidad. Algunas causas del estrés en el buceo pasan por la falta de conocimiento, la inseguridad, el miedo a lo desconocido, temor al fracaso, excesiva autocrítica u olvidos de material. Para evitar esta última fuente de estrés se recomienda tener todo el equipo y accesorios de buceo guardados en un mismo lugar, incluida nuestra documentación. Si algo se nos olvida, la sustitución del objeto por otro también será una fuente de estrés. Otras causas de estrés son las charlas durante el viaje con comentarios negativos, un líder/instructor que se muestra dubitativo, comentarios de malestar físico (oídos, resfriados, dolores), cuando la botella marca por debajo de los 100 bares, etc. Todo ello nos va a generar ansiedad y estrés, que se irá acumulando sin que nosotros nos demos cuenta.

Tan importante es controlar nuestro estrés como lo es identificar síntomas de estrés entre nuestros compañeros de inmersión. Algunas manifestaciones más comunes pasan por la irritabilidad, confusión, charlatanería, cambios en el estado de ánimo, etc. Para poder detectar la presencia de estrés es importante observar desde el primer momento cómo actúan los buzos, especialmente en la preparación y montaje del equipo. Esto nos puede dar una idea de cómo son nuestros compañeros de inmersión. Estar siempre conscientes de lo que pasa a nuestro alrededor nos ayudará a prever mejor y con ello a evitar estrés.

Y, ¿cómo podemos actuar en caso de estrés propio o de nuestros compañeros? La respuesta teórica es obvia, pero a veces complicada de llevar a cabo. Existe una técnica que llamamos PAREPIAC (PAra, REspira, PIensa y ACtúa). Se trata de pautas muy similares a las recibidas en una clase de meditación *mindfulness*. Te invita a que vuelvas al aquí y al ahora, que contactes con tu yo físico y salgas por un momento de tu mente, que te está jugando una mala pasada incitándote a reaccionar rápido y sin una respuesta adecuada. Ya desde la calma, piensa y actúa.

Además del PAREPIAC, que nos ayuda a gestionar y eliminar nuestro propio estrés, existen algunos comportamientos que pueden ayudarnos a minimizar el estrés de nuestros compañeros. Consisten en transmitir relajación y seguridad a través del contacto físico y visual, demostrar orden, comunicarse de forma fluida y mostrar positividad. Mirar fijamente a los ojos de un compañero con signos de estrés es especialmente efectivo, sobre todo durante la inmersión.

Observar el estrés propio y de nuestro alrededor, comunicarnos y asistir a otros en caso de ser necesario, puede ser la solución a pequeños problemas que eviten accidentes mayores. Un traje demasiado apretado, una botella mal abierta, una mala colocación del equipo o simplemente un *jacket* poco inflado, son incidentes que pueden ser resueltos con una comunicación adecuada, evitando así situaciones de pánico que puedan originar accidentes.

Finalmente, la comunicación tras la inmersión también es muy importante, siempre y cuando se haga con fines constructivos. Preguntar qué tal ha ido o comentar los fallos que pueden haberse cometido en la inmersión, de modo que dé pie a expresar sensaciones y comentar problemas, resulta ser una buena práctica para buscar soluciones y evitar el estrés.

Capítulo 7

El mar y yo

En el prólogo de este libro ya intentamos dar respuesta a la pregunta de por qué esa atracción por el agua en general, y por el mar en particular. Además, podemos añadir el interés por lo desconocido, misterioso o diferente. Y sí, ciertamente todo esto lo tiene el mar para nosotros. Pero por eso mismo no deberíamos embarcarnos en la aventura del buceo sin «conocer lo desconocido».

Por un lado el mar nos va a dar satisfacciones, pero por otro puede darnos algún que otro susto. Nosotros, con respecto a él, podemos pasar desapercibidos, integrándonos en el medio a modo de observadores, o podemos producir alteraciones que a veces llegan a ser irreversibles, más por la frecuencia con que se dan que por la intensidad del impacto.

En este capítulo vamos a acercarnos al estudio de la dinámica marina en tanto en cuanto pueda afectar al buceador, veremos los accidentes más comunes que puede infligirnos la fauna y flora, cuál debe ser nuestro comportamiento para con el medio marino y, en general, cómo «pasar desapercibidos» en un mundo en el que nosotros somos los extraños. Además de reflexionar sobre nuestro papel como buceadores y lo que el mar nos da, también vamos a hacerlo sobre qué le doy yo al mar.

La energía del mar

El mar es un ente vivo. Sus aguas están sometidas a diversas fuentes de energía que lo mantienen en constante movimiento. Estos movimientos se suelen resumir en tres tipos: olas, corrientes y mareas. Todos ellos, en mayor o menor medida, van a influir en nuestra inmersión, haciendo de ella una actividad placentera o dificultándola hasta límites que pueden llegar a aconsejar no realizarla.

Olas. Se definen como un movimiento ondulatorio circular de la superficie marina provocado por la acción del viento. Las olas, como todas las ondas, tienen tres parámetros que las definen:

- Frecuencia: tiempo que pasa entre dos ondas sucesivas.
- Longitud de onda: distancia que separa dos crestas sucesivas.
- Amplitud: altura máxima de la ola, contada desde el punto más alto (cresta) hasta el más bajo (valle o seno).

La mayor o menor intensidad de oleaje viene dado por la intensidad del viento, el tiempo que este lleva actuando y la superficie de mar abierto, a lo que llamamos *fetch* (las olas del Atlántico, a igualdad del resto de factores, serán mayores que las del Mediterráneo, y estas mucho mayores que las de un lago o embalse).

¿Y qué pasa con las olas en profundidad? Pues que el movimiento se propaga hasta una profundidad igual a la mitad de la longitud de onda de la ola. Esto es importante de cara al buceo. Sucede a menudo ver una mar arbolada y decirte el instructor o *divemaster:* «Tranquilos que en cuanto bajemos unos metros desaparece este movimiento». No te lo crees en principio, y ciertamente, al final es la realidad.

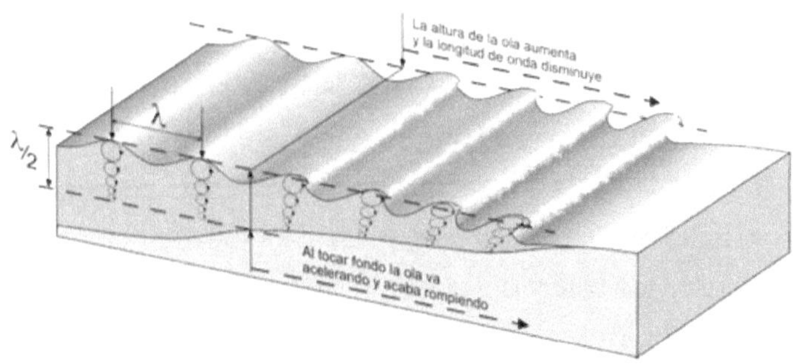

Propagación de la ola

La «rotura» de la ola se produce cuando la profundidad es menor que la mitad de la longitud de onda, y los círculos que describen las partículas se van achatando hasta convertirse en un movimiento de vaivén.

Corrientes. Hay dos tipos de corrientes, las grandes corrientes marinas y las corrientes litorales. Lógicamente, son las corrientes litorales las que tienen verdadera influencia en el submarinismo, y de estas, son las corrientes «de resaca» y las «de deriva litoral» las que pueden dificultar nuestra inmersión.

- Corrientes de resaca (*rip-curl*): se producen tras periodos de tormenta o inestabilidad. Son debidas al reflujo de las olas, canalizando la vuelta de la ola a modo de corriente favorecida por las irregularidades costeras. Se puede propagar mar adentro formando lo que llamamos «mar de fondo». Conocer estas corrientes, el mar de fondo, es fundamental para el buceador, pues nos puede arrastrar hasta el punto de alejarnos considerablemente de cualquier referencia en la salida del agua (barco, boya, etc.).

- Corrientes de deriva litoral: son corrientes paralelas a la línea de costa, originadas por la incidencia oblicua de las olas. El resultado es una corriente que nos arrastrará paralelos a la línea de costa, haciéndonos perder las referencias que tuviéramos del litoral, previas a la inmersión. A quién no le ha pasado que tras estar jugando en la orilla, parece que se hubiera desplazado la sombrilla unos cuantos metros.

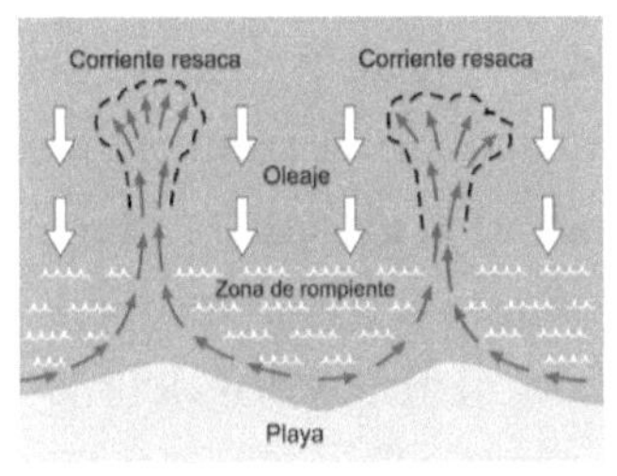 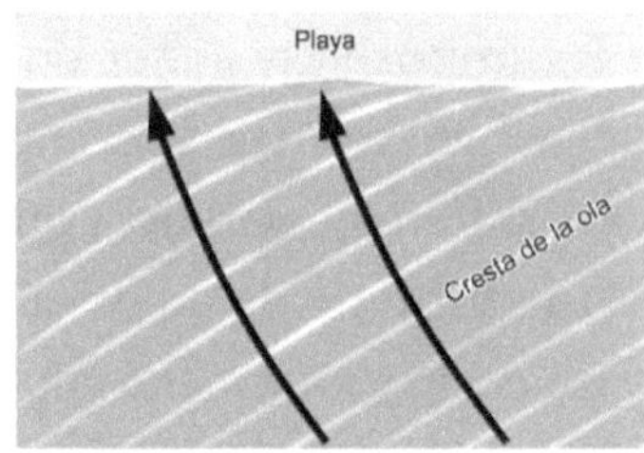

Corriente de resaca   *Deriva litoral*

Mareas. Subida (pleamar) y bajada (bajamar) del nivel del mar por el efecto de atracción de la Luna. De los tres movimientos litorales, quizás sea este el que menos repercusión tiene en el submarinismo. Sin embargo, es conveniente tenerlo en cuenta, pues un fondo que en una inmersión podía estar a una determinada profundidad, unos días después, si queremos repetirla, habrá cambiado su profundidad. Esto es importante cuando buceamos a profundidades cercanas al límite de los 40 metros, que permite el buceo recreativo. De nuevo vuelve a ser más importante, por ejemplo, en el Atlántico que en el Mediterráneo, por la diferencia de superficie y la disposición más confinada del Mediterráneo.

 **¡OJO!**

Es importante tener en cuenta que la pleamar y la bajamar van variando su horario con el paso de los días. Esto es debido a que cuando el giro de la Tierra nos enfrente de nuevo a la Luna, esta se ha desplazado en su movimiento de traslación alrededor del planeta. Otra curiosidad es que tanto la pleamar como la bajamar son simétricas a ambos lados de la Tierra, por lo que a lo largo de un día habrá dos pleamares y dos bajamares.

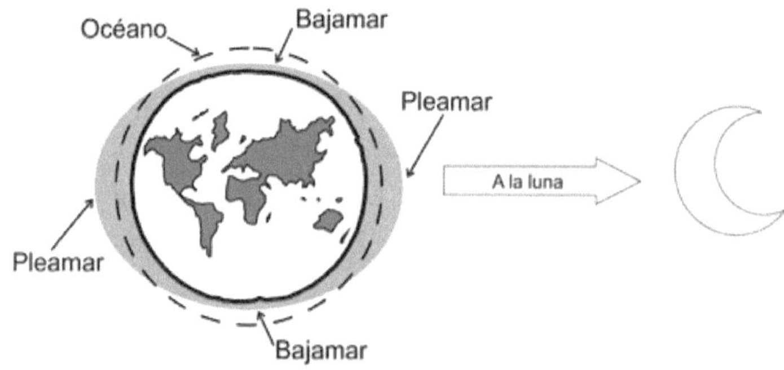

Distribución de las mareas

Ni monstruos marinos, ni inocentes mascotas

Cuando nos sumergimos, la primera impresión es la de estar en un mundo de vida. Una vida que nos rodea sin ningún pudor; que, a diferencia de la vida en tierra, la fauna no huye de nosotros. Nosotros somos «los raros» a los que hay que ignorar, e incluso acercarse para ver qué somos.

Esta proximidad de la fauna marina tiene dos vertientes. Por un lado nos permite disfrutar de la observación de todo un ecosistema desconocido para nosotros, pero por otro hay que tener cuidado, tanto por la fragilidad de algunas especies como por su posible peligro, pues muchas poseen mecanismos de defensa altamente efectivos. No solo la sostenibilidad del mar puede verse perjudicada por acciones inapropiadas, sino que nuestra propia seguridad también podría estar en juego.

Vamos a resumir las principales agresiones que podemos sufrir por parte de la fauna y flora marinas:

Tipo de agresión	Organismo
Por contacto (sustancias urticantes)	Cnidarios (medusas, pólipos, anémonas)
Descargas eléctricas	Rayas, torpedos y otros menos frecuentes
Picaduras	Poliquetos (gusano de mar)
Laceraciones y heridas	Corales y algas
Pinchos	Erizo de mar
Aguijones	Pastinaca, águila marina, escorana, escaparote o pez araña, cabracho, escórpora, rasacacio
Mordeduras	Barracudas, morenas, pulpos, ¡tiburones! (solo si se les molesta)

Peces con dos piernas

Esta expresión resume cómo debe ser nuestro comportamiento dentro del agua. Esto es, como si fuéramos una parte más del entorno. Debemos pasar desapercibidos y nuestro comportamiento debe ser de máximo respeto, tanto a la fauna como a la flora submarinas.

Como regla más importante del buceo, diremos que no hay que tocar nada en el fondo del mar. Ni siquiera posarnos en un fondo arenoso en el que a priori pudiera parecernos que no existe vida. El respeto por el medio al que nos estamos adentrando como buceadores ha de ser máximo, y garantizar que la conservación y sostenibilidad de dicho medio no se vean comprometidos por la actividad que practicamos es nuestro deber como buceadores. Hemos mencionado con anterioridad que el mar es vida y está lleno de vida, y como personas que amamos el mar, debemos cuidarlo.

En ocasiones se observa a buceadores que aletean cerca de fondos de arena, provocando cierto caos para la vida que allí habita. También buceadores que golpean con su aleta ramas de coral que llegan a partirse o aquellos que alumbran con focos fotográficos a peces y nudibranquios en busca de la mejor instantánea. Todas estas conductas no son propias de un buceador responsable, y como tal ni deben producirse ni deben permitirse.

Algunos consejos a tener en cuenta pueden ser:

• Movernos con la mayor calma posible.

• Evitar aletear como si estuviéramos nadando.

• Procurar no remover el fondo al desplazarnos cerca de él. Sobre todo cuidado con los fondos arenosos y fangosos.

- Ajustar nuestro lastre y el BCD para equilibrarnos, que nuestra flotabilidad sea buena y así evitar, en la medida de lo posible, apoyarnos en el fondo o las rocas.

- No tocar los corales ni cualquier otro ser vivo de vida sésil (fijos al sustrato).

- No tocar, igualmente, ningún otro ser vivo, por el bien de ellos y el nuestro propio.

- No sacar nada del agua, salvo las fotografías que podamos haber tomado.

- Tener mucho cuidado con los focos de luz y nunca apuntar directamente a los peces con ellos.

- No llevar alimentos para los peces.

El submarinismo es una actividad sin ningún espíritu de competición y sí de cooperación, como ya hemos dicho anteriormente. Y esta colaboración debemos plantearla, no solo con respecto a nuestro compañero, sino también con respecto al medio ambiente. Somos observadores, investigadores y aprendices del entorno. No competimos ni con otros buzos ni con el medio.

El ecosistema marino... y nosotros

Es cierto que el conocimiento del medio marino, en principio, no es una condición imprescindible para bucear, pero sí nos va a proporcionar mayor seguridad en la inmersión, y lo más importante: una mayor conciencia. Y con seguridad nos va a permitir disfrutar mucho más de la inmersión. Esto no solo ocurre en el buceo, sino en cualquier aspecto de nuestra vida. Conocer dónde estamos nos ayuda a comprender y esto, a su vez, genera amor por la Naturaleza (con mayúsculas). Este aspecto es clave para aportar nuestro granito de arena y devolverle al mar parte de lo que él nos da.

¿Qué nos ofrece el mar?

Sin entrar en grandes descripciones, que quedarían para otro tipo de publicación, en el mar podemos encontrar las siguientes zonas:

El medio físico

Fondo marino. Sin entrar en lo puramente geológico, como son las dorsales o las fosas, podemos distinguir:

- Plataforma continental: parte del continente ocupada por el mar. Alcanza profundidades máximas de 200 m. Es la zona donde nos vamos a mover cuando buceamos.

- Talud continental: el verdadero borde del continente.

- Zona abisal: los extensos fondos oceánicos, con profundidades entre 4000 y 6000 metros.

Medio acuático o «aguas abiertas». En conjunto recibe el nombre de zona pelágica:

- Región nerítica: sobre la plataforma continental.

- Región oceánica: masa de agua sobre la zona abisal.

Con respecto a la luz

- Zona fótica: profundidad hasta donde llega la luz, o al menos la penumbra. Puede haber fotosíntesis activa. Depende mucho de la turbidez del agua y otras características, pero nunca llega más allá de los 200 m.

- Zona afótica: zona de oscuridad total. Al no haber fotosíntesis, todos son depredadores. Frecuentemente los seres vivos adaptados a vivir aquí desarrollan órganos luminosos.

Las comunidades biológicas

Plancton. Organismos que flotan pasivamente. Generalmente microscópicos o de muy pequeño tamaño, aunque no necesariamente. Casi todos los organismos marinos pasan alguna parte de su ciclo vital en el plancton.

Necton. **S**on los nadadores libres. Mayoritariamente peces, mamíferos, crustáceos, etc.

Bentos. Comunidad de organismos que viven asociados al fondo.

- Fijos al sustrato (sésiles): algas, plantas, corales, briozoos, gusanos tubícolas (espirógrafos), ostras, percebes, etc.

- Móviles sobre el sustrato (epibentos): peces planos, peces de roca, moluscos, etc.

- Enterrados en el sustrato (inbentos): gusanos, moluscos, etc.

Dato. A muchas personas les resulta curioso el hecho de que organismos que viven fijos al sustrato, aparentemente inmóviles, con morfologías abiertas y ramificadas, no sean plantas sino animales. Tal es el caso de los corales, por ejemplo. Los fondos coralinos están considerados los ecosistemas de mayor biodiversidad de todos los fondos marinos. Son, además, un indicador del estado ambiental de las aguas marinas, sufriendo un proceso conocido como «blanqueo del coral», cuando las aguas están contaminadas o sobrecalentadas, perdiéndose la riqueza biológica que albergaba.

Unas de las comunidades más ricas de los fondos marinos, en cuanto a diversidad biológica se refiere, son las «praderas de posidonia». Estamos acostumbrados a llamar algas a todo vegetal que se asienta sobre el lecho marino; pues bien, la posidonia no es un alga, sino que es una planta superior, con flor y tejidos vasculares (*fanerógama*).

¿Qué le ofrecemos nosotros al mar?

Además de comportarnos como ejemplares visitantes en cada una de nuestras inmersiones, tenemos otra misión que cumplir como buceadores. Dicha misión consiste en ser la voz del mar en la tierra. El hecho de no ver a simple vista lo que hay bajo mar, de algún modo lo priva de vida a los ojos de muchos, y en ocasiones de importancia. Hace años se pensaba que el mar podía aguantarlo todo, que su capacidad era infinita. Tras mucho tiempo de pesca masiva, vertido de residuos o tráfico intenso de barcos, nos hemos dado cuenta de que el mar se resiente, se deteriora y queda exhausto. Sin embargo, también hemos podido comprobar la gran capacidad de resiliencia con la que cuentan los océanos. Espacios que se protegen y en unos pocos años vuelven a ser el vergel de vida que fueron. Vemos que las reservas protegidas regeneran la vida en los mares, y por eso es vital extender y cuidar estos puntos de esperanza.

Existe una urgencia en ponerle voz al mar, de ser críticos y gritar aquello que vemos cuando buceamos. Blanqueamiento de los corales por la acidificadión de los mares y el calentamiento global, caza indiscriminada de especies en peligro, redes de arrastre, plásticos en los fondos, y todos aquellos impactos de la intervención humana que ponen en peligro el ecosistema marino.

Todavía estamos a tiempo, pero no hay tiempo que perder para proteger lo que nos da la vida y hacer que la salud de los mares mejore. Es esencial aprender de las buenas prácticas en la recuperación y sostenibilidad de los mares, y hacer todo aquello que esté en nuestra mano, como buceadores y como habitantes de la tierra. Sin azul no hay verde.

Capítulo 8

¿Cuánto dura una inmersión?

La típica pregunta que casi todo el mundo suele hacer y para la que ningún buzo tiene respuesta es: ¿cuánto dura una inmersión? Pues bien, depende. Depende de infinidad de factores, para los que no hay una respuesta concreta.

La duración de una inmersión es algo que todo buceador debe tener en cuenta antes de iniciarla y para lo que, entre otras cosas, es necesario realizar algunos cálculos previos.

En el tiempo de inmersión intervienen factores subjetivos, que dependen del propio submarinista u otro tipo de imprevistos, y factores objetivos, que dependen de parámetros físicos que se pueden calcular *a priori*.

Factores subjetivos

No son previsibles, y por tanto hay que tenerlos en cuenta como medida de seguridad. Es decir, en los cálculos previos a la inmersión debemos dejar un margen amplio para imprevistos. Los podemos resumir en:

- **Experiencia del submarinista.** Cuanta mayor experiencia tengamos, el medio acuático nos resultará más amable, estaremos más tranquilos y, por ende, consumiremos menos aire. La inmersión podrá ser más prolongada.

- **Momento en que realicemos la inmersión.** Generalmente, si hace tiempo que no buceamos, por muy experimentados que seamos, el consumo de aire en estas primeras inmersiones es algo mayor que cuando ya llevamos algunas.

- **Estado físico personal.** Alteraciones como haber pasado una enfermedad; estrés ajeno al buceo, como pueden ser problemas personales o laborales; obesidad o cualquier otro problema fisiológico, influirán en nuestro consumo de aire.

- **Estado de la mar.** Temperatura del agua, turbidez, corrientes, etc. También influirán de forma imprevisible en nuestro consumo, aunque no dependen de nosotros.

Factores objetivos

Son factores fijos y, por tanto, previsibles y calculables. Estos cálculos es conveniente realizarlos antes de cada inmersión y tenerlos en cuenta durante la misma. Es especialmente importante que te familiarices con ellos, sobre todo cuando estás empezando. Si bien es cierto que normalmente el guía o persona responsable de la inmersión establecerá los tiempos de buceo para todo el grupo en base a una estimación conservadora de estos consumos.

Enumeramos estos factores objetivos y a continuación veremos cómo se hace el cálculo de consumos con un ejemplo de inmersión.

- Capacidad de la botella

- Profundidad máxima

- Tiempo de fondo

- Tiempo total de inmersión

- Paradas de seguridad y descompresión

- Inmersiones sucesivas

- Otros tipos de inmersión: aguas continentales y cuevas

Cálculo de consumos

Para establecer el aire que consumiremos en una inmersión hemos de tener en cuenta dos variables como son tiempo y profundidad, y un fijo que es tu cadencia en la respiración.

El consumo estimativo de un adulto en condiciones normales viene a ser de 20 L/min.

- El regulador nos proporciona aire a la misma presión a la que estamos sometidos.

 EJEMPLO

A 20 metros de profundidad soportamos 3 atm de presión, luego nuestro consumo de aire por minuto será: .

$$20 \text{ l/min} \cdot 3 \text{ atm} = 60 \text{ l/min}$$

A esto habría que multiplicarlo por el tiempo en minutos a dicha profundidad.

- La cantidad de aire en una botella depende de la capacidad de la botella y la presión a la que estuviera cargada.

 EJEMPLO

Una botella de 15 l cargada a 200 bares, tendrá:

$$15 \text{ l } 200 = 3.000 \text{ l de aire.}$$

- La velocidad de descenso estimativa es aproximadamente de 20 m/min., mientras que la de ascenso no debe superar los 9 m/min.

EJEMPLO

En los desplazamientos verticales, tanto en ascenso como en descenso, tomaremos la media de presiones. En los horizontales la presión a la que estemos.

Gráfica de la inmersión

Supongamos una inmersión con las siguientes características (utilizando tablas ACUC):

- Profundidad máxima: 20 m
- Tiempo en el fondo: 30 min
- Parada de seguridad (ver tablas más abajo):
  3 min a 5 m

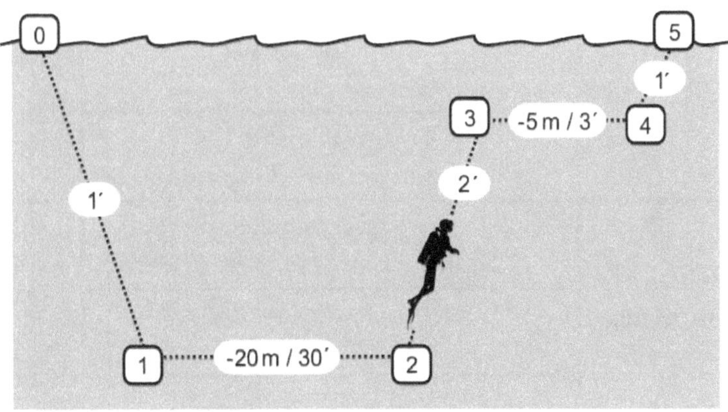

Perfil de una inmersión

119

Descenso (0 → 1)	Presión media: (1 atm + 3 atm) / 2 = 2 atm	40 L
	Tiempo de descenso a 20 m/min = 1 min	
	Consumo de aire = 2 atm · 1 min · 20 L/min	
Fondo (1 → 2)	Presión a 20 m: 3 atm	1740 L
	Tiempo de fondo: 29 min	
	Consumo de aire = 3 atm ·29 min · 20 L/min	
Ascenso (2 → 3)	Presión media: (3 atm + 1,5 atm) / 2 = 2,25 atm	90 L
	Tiempo hasta parada de seguridad (5 m): 2 min	
	Consumo de aire = 2,25 atm · 2 min · 20 L/min	
Parada de seguridad (3 → 4)	Presión a 5 m: 1,5 atm	90 L
	Tiempo de parada: 3 min	
	Consumo de aire: =: 1,5 atm ·3 min · 20 L/min	
Salida a superficie (4 → 5)	Presión media: (1,5 atm + 1 atm) / 2 = 1,25 atm	25 L
	Tiempo hasta superficie: 1 min	
	Consumo de aire = 1,25 atm ·1 min · 20 L/min	

- Consumo total de aire: 1985 L
- Tiempo total de inmersión: 36 minutos
- Buceando con una botella de 15 L cargada a 200 bares, son 3000 L de aire, con lo que tendríamos suficiente aire para realizar nuestra inmersión, ya que no superamos el margen de seguridad (1/3 del aire inicial).

Hemos tomado como referencia un consumo de aire de 20 l/min (cadencia de consumos), pero… ¿puedo saber cuál es mi consumo por minuto realmente? Veamos un ejemplo:

Tras una inmersión de 53 minutos a 20 m he salido con 70 bares en mi botella de 15 l cargada a 200 atm.

- Profundidad media : - 10 m
- Media de presión: 2 atm
- Consumo de aire: 200 atm - 70 atm = 130 atm
- ¿Cuántos litros de aire?: 130 atm x 15 l = 1.950 l
- Cadencia: 1950 l / 53 min = 36,80 l / min

Si la cadencia en la inmersión ha sido de 36,80 l / min, teniendo en cuenta una presión media de 2 atm, nuestra cadencia en este caso será: 36,80 / 2 = 18,04 l / min.

Si esto lo repetimos en cada inmersión, anotándolo en nuestro cuaderno de buceo, podremos llegar a prever con bastante aproximación cuál va a ser nuestro consumo antes de cadainmersión.

De las tablas al ordenador de buceo

Las tablas de descompresión, junto con el reloj y el profundímetro, han sido durante muchos años los únicos recursos con los que contaba el buceador para velar por su seguridad durante la inmersión. Tanto es así que resultaba obligatorio el llevarlas consigo. Se trata de unas tablas de consulta que se han elaborado teniendo en cuenta los tiempos y niveles de saturación de nuestros tejidos, con un amplio margen de seguridad. A partir de ellas, podemos deducir las posibles paradas de seguridad o descompresión a realizar en función del tiempo y la profundidad máxima alcanzada durante una inmersión, así como el nitrógeno residual después de la misma.

En 1983 se inventó en primer ordenador de buceo, *The Orca Edge*. Este invento supuso una verdadera revolución en cuanto a seguridad en el buceo. Hoy en día el ordenador es de uso obligatorio y, tal y como explicamos en el capítulo 3, es recomendable que cada buceador cuente con el suyo propio.

Estos aparatos llevan programados unos algoritmos, basados en la información sobre la saturación de los tejidos contenida en dichas tablas de descompresión. Además, cuentan con profundímetro, reloj y diferentes sensores —de velocidad, temperatura, etc.— que permiten la realización automática y exacta de los cálculos necesarios para evitar sufrir una enfermedad de descompresión como la descrita en el capítulo 5. De este modo, el buceador ya no necesitará realizar dichos cálculos, ni asumir el riesgo que conlleva cometer errores, sino que será la máquina quien se encargue de realizarlos.

Podría decirse que el tiempo que dura una inmersión, dentro de los límites de seguridad, vendrá marcado por el consumo de aire, cuando nuestra botella alcance los 50 bares, o por el tiempo de inmersión sin descompresión que nos indique nuestro ordenador de buceo.

En caso de llevar a cabo una inmersión de mayor duración al tiempo indicado de «no descompresión», el ordenador nos indicará un protocolo a seguir, en términos de las paradas tenemos que hacer, a qué profundidad hacerlas y durante cuánto tiempo. De este modo trataremos de evitar este tipo de accidentes.

Igualmente, en aquellas inmersiones que no requieran paradas de descompresión, que serán la mayoría de ellas en nuestra vida como buceadores, el ordenador nos marcará la realización de una parada de seguridad —recomendable pero no obligatoria— de 3 minutos a unos 5 metros de profundidad.

Otro aspecto muy importante del ordenador de buceo es que nos va a avisar con un insistente pitido en caso de superarse la velocidad recomendada de ascenso. Recuérdese que no deben superar los 9 metros por minuto. Esto va a ayudar a prevenir los accidentes de descompresión y la sobrexpansión pulmonar.

Además, el ordenador nos indica la temperatura del agua, el tiempo total de inmersión, la máxima profundidad que se puede alcanzar en el buceo con NITROX, el tiempo de inmersión o la profundidad máxima alcanzada en la inmersión, entre otras muchas cosas.

Si bien tras la aparición del ordenador de buceo las tablas pudieran parecer obsoletas, no es así. Es necesario conocer las tablas, entender su fundamento y manejo, y utilizarlas. Tened en cuenta que tras el *briefing* previo a la inmersión ya tenemos una idea de cómo va a ser esta. El ordenador cuenta con la información de lo que hemos buceado, pero no puede saber cuáles son nuestras intenciones. Conociendo de antemano la inmersión que pretendemos y consultadas las tablas, podemos prever cuánto aire reservar para las paradas desde el primer momento en que nos sumergimos. Esto, a su vez, nos dará un extra de seguridad que redundará en una inmersión más tranquila, placentera, y por tanto con menor consumo de aire.

ACUC RECREATIONAL DIVE TABLES / TABLES DE PLONGÉE RÉCRÉATIVE ACUC / TABLAS ACUC DE BUCEO RECREATIVO

See warning in instructions / Voyez l'avertissement dans les instructions / Ver aviso en las instrucciones

TABLE A: RESIDUAL NITROGEN GROUP (RNG) AND SAFETY OR DECOMPRESSION STOPS
GROUPE D'AZOTE RÉSIDUEL (GAR) ET PALIERS DE SÉCURITÉ OU OBLIGATOIRES
GRUPO DE NITROGENO RESIDUAL (GNR) Y PARADAS DE SEGURIDAD O DE DESCOMPRESION

D / P	DIVE LENGTH IN MINUTES – (SAFETY OR DECO STOP) / TEMPS DE PLONGÉE EN MINUTES - (PALIER DE SÉCURITÉ OU DE DÉCOMPRESSION) TIEMPO DE INMERSION EN MINUTOS (PARADA DE SEGURIDAD O DE DESCOMPRESION)											
	30	60	90	120	150	180	240	300	360	420	480	600
6m/20'	30	60	90	120	150	180	240	300	360	420	480	600
9m/30'	30	45	60	90	100	120	150	180	190	210	240	270
12m/40'	22 (S)	30 (S)	40 (S)	60 (S)	70 (S)	80 (S)	90 (S)	120 (S)	130 (S)	150 (S)	160 (1)	170 (1)
15m/50'	18 (S)	25 (S)	30 (S)	40 (S)	50 (S)	60 (S)	75 (S)	85 (1)	95 (1)	105 (2)	115 (2)	124 (3)
18m/60'	14 (S)	20 (S)	25 (S)	30 (S)	40 (S)	50 (S)	60 (1)	70 (2)	80 (2)	85 (3)	92 (4)	
21m/70'	12 (S)	15 (S)	20 (S)	25 (S)	35 (S)	40 (1)	50 (2)	60 (5)	63 (5)	66 (6)		
24m/80'	10 (S)	13 (S)	15 (S)	20 (S)	25 (S)	29 (1)	35 (2)	48 (5)	52 (6)			
27m/90'	9 (S)	12 (S)	15 (S)	20 (S)	23 (1)	27 (2)	35 (5)	40 (6)	43 (6)			
30m/100'	7 (S)	10 (S)	12 (S)	15 (S) 18 (1)	21 (2)	25 (5)	29 (5)	36 (6)				
33m/110'	6 (S)	10 (S)	12 (S)	15 (1)	18 (2)	22 (5)	26 (6)	30 (6)				
36m/120'	6 (S)	8 (S)	10 (S)	12 (1)	15 (2)	19 (5)	25 (6)					
39m/130'	5 (S)	8 (S)	10 (1)	13 (2)		16 (5)	21 (6)					
42m/140'	5 (S)	7 (S)	9 (1)	11 (2)		14 (5)	18 (6)					
RNG GAR/GNR>	A	B	C	D	E	F	G	H	I	J	K	L

Deco Code:	(S)	(1)	(2)	(3)	(4)	(5)		(6)	
Minutes:	3	5	10	15	20	5	10	10	10
D / P:	4.5m / 15'	3m / 10'	3m / 10'	3m / 10'	3m / 10'	6m 20'	3m 10'	6m 20'	3m 10'

Tablas de descompresión ACUC

(reproducido con permiso de la entidad)

No todas las inmersiones son iguales

Cuando empezamos a bucear solemos sumergirnos en el mar, en verano, aprovechando unas vacaciones y procurando disfrutar al máximo. Con el tiempo te vas planteando retos, queriendo llegar cada vez un poco más allá en el mundo del buceo. A partir de ese momento a lo que hemos aprendido hay que añadirle conocimientos nuevos. Vamos a ver algunas de las «otras» inmersiones:

Inmersiones continuadas y sucesivas

Cuando hacemos dos inmersiones seguidas en las que el tiempo en superficie entre ellas sea inferior a 15 minutos, las llamaremos «inmersión continuada». En este caso se suman los tiempos de las dos inmersiones y se toma como referencia la profundidad máxima alcanzada de cualesquiera de las dos. Este tipo de inmersión se enseña en las escuelas, para que el alumno tome conciencia de no hacer inmersiones «pico a pico» o también llamadas «inmersiones yo-yo». Son muy peligrosas y sin ningún sentido, salvo en un rescate, en que el buceador rescatador sabrá bien qué hacer antes de volver a superficie.

Si por el contrario han pasado más de 15 minutos, pero menos de 18 horas, hablamos de «inmersiones sucesivas». El tiempo que estamos fuera del agua estamos todavía sobresaturados y no volveremos a nuestro estado de saturación o equilibrio hasta pasadas de 12 a 18 horas (según tablas o nuestro ordenador). En este caso, para afrontar la segunda inmersión tendremos que utilizar otras tablas en las que se tienen en cuenta: los datos de la primera inmersión y su grupo de nitrógeno residual final (GNR), el intervalo en tiempo entre las dos, el GNR después del intervalo y las características de la segunda inmersión como profundidad y tiempo de fondo y un castigo o penalti, al que antiguamente llamábamos «tiempo ficticio». Por ejemplo, en la inmersión que describíamos anteriormente, si nos fijamos en la tabla, el GNR con el que salimos se corresponde con el valor E (indicado en la parte baja de la tabla), que es lo que tendremos en cuenta de cara a la segunda inmersión. Cuando realices tu curso de buceo sabrás con más detalle la importancia de este factor. Lo aconsejable siempre es hacer la inmersión más profunda primero y la menos en segundo lugar.

Inmersiones nocturnas

Requieren de una titulación mínima de buceo avanzado. Tienen el encanto de poder disfrutar de un mundo diferente al que vemos en las inmersiones convencionales. Por la noche, el ecosistema marino cambia casi por completo, aparecen nuevos organismos que se ocultan durante el día y la infinidad de brillos y destellos nos transportarán a un mundo encantado y en ocasiones con un punto fantasmagórico.

Para bucear en la oscuridad es necesario, lógicamente, una linterna con batería suficiente que nos asegure luz durante todo el tiempo estimado de inmersión (por seguridad mejor llevar dos). En su uso hay que tener una serie de precauciones, como tener cuidado de dónde alumbramos —pues podemos descubrir pececillos que son presas para los depredadores—, no mantener mucho tiempo la luz fija en un punto, no alumbrar a los ojos de nuestros compañeros ni de la vida marina, y lo más importante: las señas de comunicación ahora son distintas, son movimientos con la linterna que debemos conocer al igual que conocemos las señas básicas. De estas señas hablamos en el capítulo 6.

Aguas continentales

Lo habitual, lo que estamos acostumbrados a ver, es el buceo en el mar. Pero, ¿se puede bucear en otros tipos de aguas? Pues la respuesta es sí.

Efectivamente, podemos bucear en aguas continentales, que son aquellas aguas que podemos encontrar sobre las tierras emergidas, en volúmenes aislados y sin conexión con las aguas marinas. En esta definición entrarían lagos, embalses, cuevas e incluso ríos (estos sí tienen conexión con el mar, pero en su desembocadura, no en su origen).

El submarinismo en aguas continentales difiere en gran medida del buceo en el mar. La causa principal es la altitud. En este apartado desarrollaremos someramente cómo influye la altitud en el buceo y las complicaciones y dificultades que conlleva.

Características principales de las aguas continentales:

• Baja salinidad:
— Agua de mar: ≈ 35 ‰ en peso (g / Kg)
— Aguas continentales: se mide en mg / Kg (ppm - partes por millón)

• Menor densidad:
— Agua de mar: 1,025 Tm / m^3 = 1,025 g / cm^3 = 1025 g / L
— Aguas continentales: 1 Tm / m^3 = 1 g / cm^3 = 1000 g / L

La salinidad y sus variaciones de densidad, junto a la altitud, nos supondrá alteraciones con respecto a las inmersiones en el mar. Básicamente habrá que disminuir el lastre por el menor empuje del agua debido a su menor densidad, consecuencia precisamente de la baja salinidad. Pero lo que es realmente importante es la influencia de la presión ambiental.

• Presión atmosférica: disminuye con la altitud. Al disminuir, el estado normal de saturación de gases en nuestros órganos y tejidos será menor que a nivel del mar. Necesitaremos por ello un tiempo de adaptación a la altura de entre 12 y 24 horas antes de la inmersión.

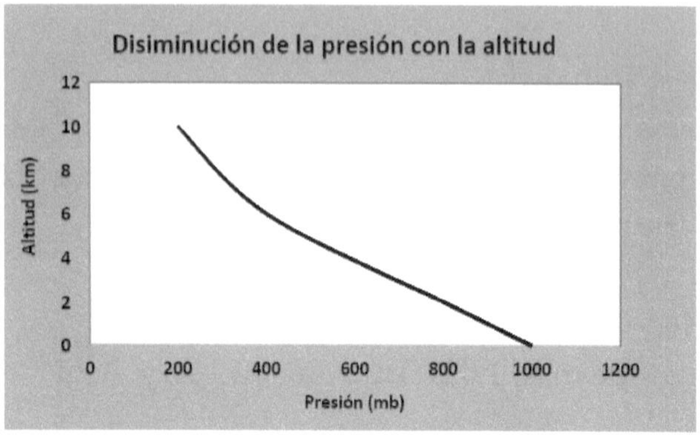

Relación entre presión y altitud

Tal como podemos ver en la gráfica, la disminución de presión es exponencial, muy rápida en los primeros metros y más lenta con el ascenso.

El resultado es que, si bien en una inmersión que parte del nivel del mar la presión se duplica cada 10 metros, ahora la presión se duplicará bajo una columna de agua menor.

A modo de ejemplo, a 2000 m de altitud la presión atmosférica media es de 800 mb (aproximadamente 0,8 atmósferas), por lo que a 8 metros ya habremos duplicado la presión inicial. En consecuencia, todos los parámetros de la inmersión se verán modificados: paradas de descompresión, velocidad de ascenso, etc. Parámetros que se habrán de calcular antes de sumergirnos y tener en cuenta durante toda la inmersión.

No vamos a entrar en el cálculo de estos parámetros, pues no es el objetivo de estas páginas. Baste saber que para poder bucear en altura hace falta una titulación de buceo de alto nivel, no siendo una actividad apta para principiantes.

Aguas confinadas: espeleobuceo

Llamamos espeleobuceo al buceo que se realiza dentro de cuevas en las que, una vez dentro, dejaremos de ver la luz de la entrada. El espeleobuceo presenta una serie de riesgos añadidos, como son:

- Techo que impide acceso rápido a la superficie. No podremos acceder a la superficie en caso de necesitarlo por una urgencia.

- Volumen de aire limitado. Para terminar la inmersión tenemos que recorrer todo el trayecto realizado, en sentido inverso. Debemos ajustarnos a la «regla de los tres tercios»: un tercio del aire para entrar, un tercio para salir y un tercio de reserva.

- Poca o nula luz solar. Necesidad de iluminación artificial en perfecto estado de carga y con potencia suficiente.

- Visibilidad afectada por sedimento suspendido y percolación, dado que las cuevas, al originarse por erosión, almacenan cantidades importantes de arcillas y lodos en el fondo.

Como vemos, el buceo en cuevas añade un plus de dificultad al buceo, debido a la cual son necesarios una serie de requisitos para poderlo practicar:

• Obligatorio tener las especialidades de espeleobuceo, buceo nocturno y visibilidad limitada.

• Dominio del equipo de buceo para aguas abiertas.

• Buen control sobre las técnicas de flotabilidad.

• Dominio de los procedimientos básicos de emergencia (respiración compartida y con Octopus, pérdida de máscara, buzo perdido, etc.).

• No temer a medios cerrados y con poca luz.

En resumen, hay muchas formas de disfrutar del submarinismo: todas las podemos practicar con seguridad suficiente, pero todas necesitan una buena formación, confianza en el compañero y actualización de conocimientos. La prudencia es nuestro principal seguro de vida. Arriesgarse no es de intrépidos, es de inconscientes.

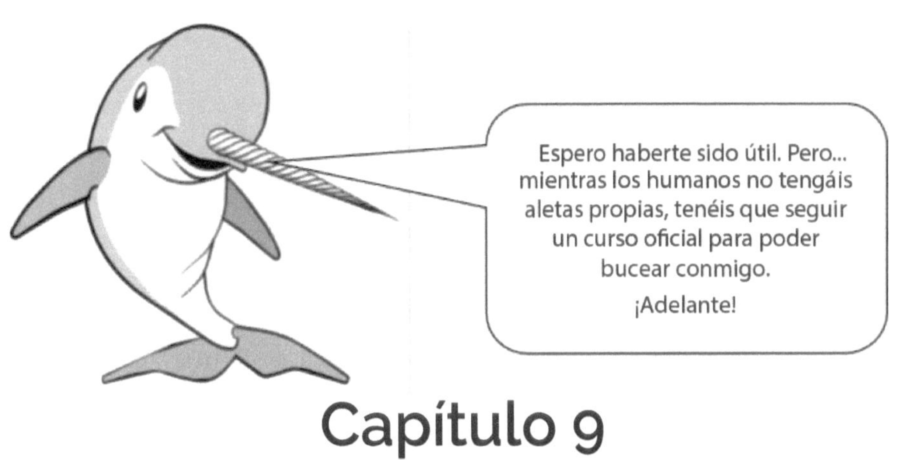

Capítulo 9

Convencido, ¿qué tengo que hacer?

No sabemos si habremos conseguido captar tu interés por el mundo submarino o si, por el contrario, quizás te encuentras lleno de incertidumbre. Tal vez pensabas que esto era más sencillo, pero si has leído estas páginas hasta el final estamos convencidos de que el submarinismo, cuanto menos, te crea cierta curiosidad. Entonces, ¿ahora qué? ¿Por dónde empiezo para zambullirme en el mar y disfrutar durante un buen rato del espectáculo submarino?

Tratemos de responder a esta pregunta. El buceo, como otras actividades consideradas «de riesgo» necesita una formación específica, no solo por tu seguridad, sino también por normativa legal. Además, es necesario un seguro de buceo y un certificado médico hiperbárico. De todo ello trataremos de informarte en este capítulo.

Capacitación para el buceo: tipos de cursos, niveles y certificadoras

Para bucear, lo primero que tenemos que hacer es realizar un curso de buceo en una escuela o centro acreditado. Existen cursos de diferentes niveles que se van alcanzando de forma progresiva y que deben estar avalados por una entidad certificadora o federación. Estas certificadoras son entidades privadas, a menudo con reconocimiento internacional. Todas ellas poseen programas curriculares teórico-prácticos homologados, en los que se cubren como mínimo las cuestiones de seguridad y prácticas básicas para el aprendizaje del buceo.

Niveles y cursos de buceo

En cuanto a los distintos niveles de buceo que se alcanzan mediante la realización de cursos, pueden diferenciarse tres tipos: niveles recreativos, de docencia y técnico. A continuación describiremos brevemente en qué consiste cada uno de ellos.

Las titulaciones de buceo recreativo se estructuran, principalmente, en tres niveles: buceador de mar abierto —*Open-Water (OWD)*— como nivel de iniciación; *avanzado —AOWD—*, como nivel intermedio, y *buceador de rescate,* que sería el nivel máximo en buceo deportivo. Ninguna de estas titulaciones acreditan al buceador para exceder los 40 metros de profundidad, que es la profundidad máxima permitida para el buceo recreativo. A rasgos generales, el nivel de OWD permite bajar a una profundidad de hasta 25 metros (van desde 18 hasta 25 metros dependiendo de la certificadora). Las titulaciones de AOWD y Rescate son las que permiten alcanzar este límite máximo del buceo recreativo. Todos estos niveles cuentan con su equivalente entre las diferentes certificadoras.

Adicionalmente existen cursos que se vinculan con la docencia para la enseñanza del buceo. Sus niveles son *divemaster* e Instructores de diferentes cualificaciones.

Los cursos de buceo técnico capacitan a los buceadores para el buceo en cuevas o a profundidades mayores a los 40 metros que alcanza el buceo recreativo, entre otras especialidades. Tanto para los cursos de docencia como de buceo técnico, podría decirse en general que las personas que los llevan a cabo suelen ser profesionales del buceo.

Además de los tipos de buceo que hemos indicado y de sus niveles respectivos, existen otras formaciones que se denominan de especialidad. Un ejemplo de esto son las modalidades de buceo con aire enriquecido (NITROX), fotografía submarina, buceo con corrientes o especialista en equipos de buceo, entre muchos otros.

Federaciones y certificadoras de buceo

A partir de 1990, el buceo empieza a ser considerado una industria. Se produce un notable incremento del número de federaciones nacionales de buceo por todo el mundo.

Además de estas federaciones, hoy en día existe un gran número de certificadoras. Sin ánimo de ser exhaustivos, mencionaremos algunas de las más reconocidas:

- **CMAS,** *Confederation Mondiale des Activites Subaquatiques*, agrupa a las diferentes federaciones de cada país. La más antigua del mundo, se originó en Mónaco, de la mano del famoso científico y padre del submarinismo moderno Jacques Cousteau.

- Su homóloga en España es **FEDAS**, Federación **E**spañola **D**e **A**ctividades **S**ubacuáticas. Entidad privada sin ánimo de lucro.

- **ACUC**, *Association of Canadian Underwater Councils*. Su origen está en Canadá.

- **PADI,** *Professional Association of Diving Instructors.* Su origen se encuentra en California, USA. Tiene presencia en casi todas partes del mundo y por ello es la más reconocida a nivel internacional.

- **SSI**, *Scuba Schools International.* Se inician en el mercado asiático.

- **TDI**, *Technical Diving International.* Especializados en buceo técnico y profundo.

Aunque hay otras muchas a nivel mundial, estas son las más reconocidas y de las que se pueden obtener certificaciones con reconocimiento internacional. A la hora de elegir una escuela para hacer un curso de buceo, que tendrá asociada su correspondiente certificadora, es importante saber que no todas las escuelas son iguales, aunque compartan certificadora.

Para garantizar la realización de un curso de calidad es conveniente conocer la filosofía y valores de los instructores de buceo de las escuelas. Igualmente, es importante no dejarse llevar por temas como la publicidad, los precios o los cursos exprés. Se trata de aprender a bucear con las mayores garantías posibles, de modo que la actividad sea placentera, respetuosa y segura. Merece la pena ser cuidadosos con la elección de la escuela donde vamos a aprender a bucear o a incrementar el nivel adquirido.

 **Dato**. En las titulaciones FEDAS y CMAS los niveles de OWD, AOWD y Buceador de Rescate reciben el nombre de Buceador de una estrella, dos estrellas y tres estrellas, respectivamente. Para *divemaster* e Instructores de diferente cualificación la denominación es Instructor de una, dos o tres estrellas.

Reconocimiento médico hiperbárico

La práctica del buceo requiere de un certificado médico, ya que existen patologías que podemos padecer y que son un impedimento para la práctica del buceo. Sin embargo para nuestra vida cotidiana en la tierra podrían no tener importancia. En España este certificado médico es obligatorio, tiene una validez de dos años y debe ser realizado por un médico hiperbárico. En tu escuela de buceo podrán informarte sobre cuándo y dónde realizarlo. Además de este requisito obligatorio, es conveniente mantenerse al día de los descubrimientos y avances relacionados con la salud y el buceo para estar alerta de cualquier novedad que mejore la práctica de esta actividad. DAN (Divers Alert Network, 1980) es una organización sin ánimo de lucro para promover el buceo seguro, fundada por la Universidad de Duke. Ofrece información fiable y muy consolidada que merece la pena consultar si practicas buceo.

Seguro de buceo

Otro requisito imprescindible es disponer de un seguro de buceo. Existe una oferta amplia donde las coberturas marcan el coste de los mismos. También los hay para diferentes periodos, que van desde un día hasta un año. Dependiendo de tus necesidades puedes sacarte un seguro uno u otro. Es importante saber qué cubre tu seguro de buceo. Como ya has leído a lo largo de este libro, algunos accidentes de buceo son graves y los tratamientos —por ejemplo, en cámaras hiperbáricas— resultan muy caros. También es importante ser consciente de que si cometemos una negligencia nuestro seguro no se responsabilizará de las consecuencias que puedan producirse. Por ejemplo, si sobrepasamos la profundidad asociada a nuestra titulación y tenemos un accidente, no estaremos cubiertos.

¿Qué puedo esperar de un centro de buceo?

Una vez tengas tu curso de buceo y te dispongas a bucear, lo más común será que lo hagas en uno de los múltiples centros de buceo repartidos a lo largo de las costas de casi todo el mundo. También puede ser que bucees desde un crucero de buceo, o vida a bordo. Si así fuera, las indicaciones que aquí señalamos son igualmente válidas.

A la hora de elegir un centro para bucear conviene tener algún tipo de referencia fiable sobre dicho centro. Estas pueden venir de amigos que hayan buceado previamente con el centro, de foros de buceo, etc. El no aventurarnos a lo desconocido es especialmente recomendable si se es principiante o no se cuenta con experiencia dilatada en el buceo. Cuando ya existe cierta familiaridad con la actividad, si no contamos con ninguna referencia sobre un centro y aun así queremos probar, es necesario que hablemos con la persona responsable del centro durante unos minutos. En la conversación que se mantenga es esencial dialogar sobre cuestiones relacionadas con su compromiso con el medio. Este es uno de los rasgos que define a un buen centro de buceo. Sed muy escrupulosos con este requisito y exigid un comportamiento respetuoso y sostenible con el medio ambiente a todos aquellos centros con los que practiquéis el buceo.

En la medida de lo posible, es conveniente que exploremos las instalaciones y equipos. Esto también nos puede dar una idea, o a veces una buena intuición del tipo de servicio que podemos obtener. Si algo no nos convence o nos genera dudas, especialmente cuando se trata de temas relacionados con nuestra seguridad o el respeto al medio, no cabe duda de que la mejor opción es no bucear con ese centro y buscar otro que nos ofrezca más garantías. Tal y como hemos tratado de transmitir en este libro, la seguridad personal y el respeto al medio son líneas rojas que siempre debemos tener en cuenta.

Una vez elegido el centro de buceo, existen una serie de buenas prácticas que es recomendable seguir. Al llegar, entregar la documentación al responsable (título, seguro y reconocimiento médico) y hablar sobre tu experiencia como buceador (número de inmersiones registradas en tu libro, condiciones de las mismas, malas experiencias recientes en caso de que pudieran repetirse, etc.). Seguidamente, preguntaremos por nuestro lugar asignado, taquilla, espacio para preparar el equipo, etc.

Si vamos a bucear junto con un grupo de buceadores que no conocemos, también es una buena práctica preguntar amablemente por su experiencia en el buceo y recordar las señas básicas con la pareja asignada. Pero más importante aún es observar su comportamiento para ver cómo se relacionan con su equipo de buceo o cómo gestionan las condiciones previas al comienzo de la inmersión. Todo ello con el fin de conocer mejor el ambiente que nos va a acompañar durante la inmersión y tal vez de anticipar posibles incidentes que pudieran producirse.

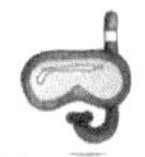 **¡OJO!**

Si en cualquier momento tenemos dudas respecto a la actividad que vamos a realizar, es del todo imprescindible comentarlas con el responsable de la inmersión, instructor o *divemaster*, para que pueda aclararlas. También, si tienes la opción, puedes consultar con tu instructor evaluador.

 **Dato.** Si hace más de un año que no buceas, es recomendable y en algunos lugares obligatorio, hacer un «refresco» de buceo. Los hay de diferentes características pero en lo esencial, se trata de una práctica individualizada donde un monitor te recordará algunas cuestiones teóricas y practicaréis las destrezas más importantes a tener en cuenta en el buceo. Si todavía no tienes muchas inmersiones, hacer un «refresco» te dará confianza y seguridad para retomar el buceo.

Un buen punto de iniciación: los bautismos de buceo

Los bautismos de buceo suponen la primera toma de contacto para muchos interesados en aprender esta actividad. Se trata de que en un entorno controlado, preferiblemente una piscina y acompañado en todo momento por un *divemaster* o instructor, el «bautizado» experimente las sensaciones de respirar con un equipo de escafandra autónoma. El riesgo de un bautismo en piscina es casi nulo (dependiendo de la profundidad de la misma), y por lo tanto requiere muy poco conocimiento previo. Básicamente hay que saber que el aparato que se lleva en la boca, y que como ya sabemos, se llama regulador, va a dar aire a demanda. Es decir, dará más o menos aire en función de cómo se lo solicites. El procedimiento es sencillo, consiste en meterse el regulador en la boca, sujetarlo con los dientes (solo sujetarlo, sin morder) y hacer como si se quisiera absorber. Después se expulsa el aire, todo ello con un esfuerzo mínimo. Y así continuamente hasta terminar un primer paseo bajo el agua. Además de esto, se enseñan las cuatro señas básicas de comunicación bajo el agua: OK, algo no va bien, subir y bajar.

Realizar un bautismo de buceo en piscina es aconsejable antes de optar por realizar el curso de OWD.

Además de en piscina, también se ofrecen bautismos en el mar. Sin embargo, se trata de una práctica que genera mucha controversia entre algunos instructores, debido al riesgo que conlleva. Una mala experiencia podría desmotivar al potencial buceador.

Patrocinio

Este libro está patrocinado por **Club/Escuela de Buceo NARVAL** ¿Te apasiona bucear? Estás en el lugar adecuado... Nuestro objetivo es acercar y facilitar el buceo además de compartir muy buenos momentos con gente estupenda.

Podrás pertenecer a un club de amigos que comparten aficiones, y "decobirras" todos los martes, participar de las actividades y eventos del club a un precio más económico, y en algunos casos gratuito, consultas y revisiones de los equipos por nuestros expertos en material, disponer de equipo de buceo pesado GRATUITO (regulador + jacket) siempre que lo necesites, acercar el buceo a los niños...

¿A qué esperas? Solo podrás comprobarlo... ¡VIVIÉNDOLO!

C/ Monte Perdido, 35
28053-Madrid

Web: www.buceonarval.com
E-mail: clubnarval@buceonarval.com
Teléfono: 914778499 / 610577978